全新升级版

趣说中国史

刘喜涛◎主编
孙玮阳◎著

台海出版社

图书在版编目（CIP）数据

趣说中国史：全新升级版 / 刘喜涛主编；孙玮阳著. -- 北京：台海出版社, 2024.10（2025.7 重印）
ISBN 978-7-5168-3868-6

Ⅰ.①趣… Ⅱ.①刘… ②孙… Ⅲ.①中国历史—通俗读物 Ⅳ.① K209

中国国家版本馆 CIP 数据核字 (2024) 第 103103 号

趣说中国史：全新升级版

主　　编：刘喜涛	著　　者：孙玮阳
责任编辑：赵旭雯	封面设计：异一设计

出版发行：台海出版社
地　　址：北京市东城区景山东街 20 号　　邮政编码：100009
电　　话：010-64041652（发行，邮购）
传　　真：010-84045799（总编室）
网　　址：www.taimeng.org.cn/thcbs/default.htm
E - mail：thcbs@126.com

经　　销：全国各地新华书店
印　　刷：三河市嘉科万达彩色印刷有限公司
本书如有破损、缺页、装订错误，请与本社联系调换

开　　本：880 毫米 ×1230 毫米	1/32
字　　数：180 千字	印　张：7
版　　次：2024 年 10 月第 1 版	印　次：2025 年 7 月第 7 次印刷
书　　号：ISBN 978-7-5168-3868-6	

定　　价：49.80 元

版权所有　翻印必究

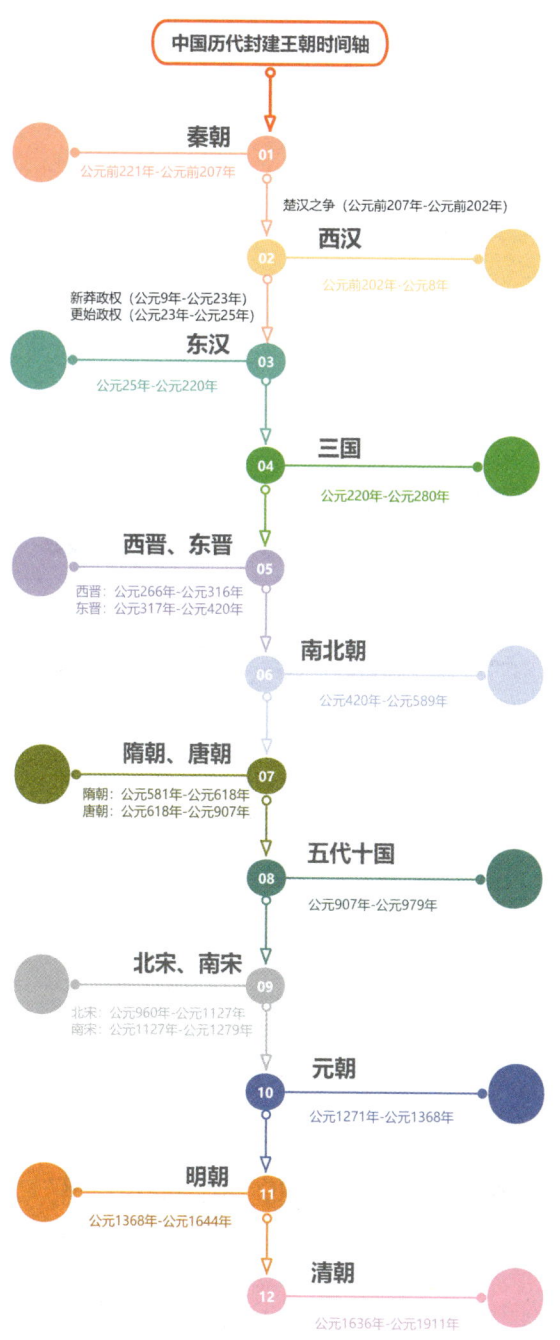

目录
CONTENTS

一	二	三	四	五
建群伊始	何以为制	万里河山	点滴算数	在位风波
4	21	40	61	87

六　七　八　九　十

茶酒之争……………109

皇上驾到……………131

都城始末……………152

帝王之侧……………177

龙言龙语……………198

群公告：本群为古今华夏第一帝王群，请进群的各位前辈、后辈以"身份-姓名"作为群昵称。烦请各位家人们友善交流，不喜勿喷。群主秦降王子婴为了调和群里各大家族的关系，也为了活跃气氛，提议由每个家族的负责人结合亲身经历对本家族的情况进行介绍。

一·建群伊始

古今华夏第一帝王群(422)

秦降王-子婴
相遇即是有缘人，借此机会，各位家人不妨开怀畅聊。🎉🎉🎉

秦降王-子婴

南宋端宗-赵昰
我先喘口气儿，这一路颠簸，害得我小心脏扑通扑通跳个不停。😷

秦始皇-嬴政
你这名中带煞，本就是不祥之兆。

南宋度宗-赵禥
你可看仔细了，我儿是叫赵昰，又不是叫赵罡。💢

南宋度宗-赵禥

5

古今华夏第一帝王群(422)

南宋恭帝-赵㬎

> 是啊,这名字显示的可是我们赵宋王朝的文化内涵。

元惠宗-妥懽帖睦尔

> 你们仨可别吹了,到头来都是我们黄金家族的盘中菜。

元惠宗-妥懽帖睦尔

东晋孝武帝-司马曜

> 这位仁兄好胃口,不过您的名字也忒长了。

元仁宗-爱育黎拔力八达

> 我的更长,这也算黄金家族的一大特色!

明思宗-朱由检

> 啧啧,黄金家族,最后不还是被我们老朱家手拿把掐嘛。

一 · 建群伊始

古今华夏第一帝王群(422)

清逊帝-溥仪
身为老朱家的后代,居然吊死在一棵歪脖树上,还真是令人咋舌。

清逊帝-溥仪

明思宗-朱由检
你可别乱说,我那是以身殉国。

北朝-北周静帝-宇文阐
至少你还留下了美名,我都交出皇位了,却也没躲过相国杨坚的毒手,我太难了。

北朝-北周静帝-宇文阐

7

从秦始皇嬴政到清逊帝溥仪,在两千多年的历史长河中,总共出现了四百二十二位帝王。

南宋德祐二年(1276年),时年七岁的宋端宗赵昰(shì)先是出逃至婺州,又逃至温州江心寺,后又辗转至福州、潮州、南澳岛。景炎三年(1278年)三月,元将李恒大军南下压境,海上元军张弘范、刘深等追兵逼近,宋端宗赵昰只得浮海逃往今中国香港大屿山。

道教认为,北斗丛星中有三十六颗天罡(gāng)星,每颗天罡星各有一个神,合称"三十六天罡"。北斗丛星中还有七十二颗地煞星,每颗地煞星上也有一个神,合称"七十二地煞"。

宋朝是对文人较为宽容的一个朝代,宋朝皇帝名字多用生僻字,是为了方便天下人避讳,如北宋神宗赵顼(xū)、北宋哲宗赵煦(xù)、北宋徽宗赵佶(jí)、南宋孝宗赵昚(shèn)、南宋光宗赵惇(dūn)、南宋理宗赵昀(yún)、南宋度宗赵禥(qí)、南宋恭帝赵㬎(xiǎn)、南宋少帝赵昺(bǐng)。

广义上的黄金家族,即阿兰豁阿三子不忽合答吉、不合秃撒勒只、孛端察儿的后裔,其中孛端察儿为成吉思汗的先祖。狭义上的黄金家族是指成吉思汗及其直系后裔,元朝建立后又可特指拖雷乃至忽必烈一系的后裔。

至正二十八年（1368年），明军进攻元大都，元惠宗妥懽（huān）帖睦尔出逃，结束了元朝对全国的统治。同年，明太祖朱元璋在应天府（今南京）称帝，建立明朝。

明万历四十四年（1616年），努尔哈赤建立后金。明崇祯九年（1636年），皇太极改后金为大清。明崇祯十七年（1644年），崇祯帝朱由检在煤山（今北京景山）自缢身亡，明朝覆亡；同年，清世祖福临入主中原，年号顺治。清朝的皇帝自顺治帝起多用年号称呼，比如康熙、嘉庆等。

《资治通鉴·卷一百七十五》（北宋司马光主编）载："隋主潜害周静帝而为之举哀，葬于恭陵。"意为隋文帝杨坚暗害了北周静帝宇文阐（chǎn），不仅为他举行了葬礼，还把他埋葬在恭陵。

皇帝们相继分享起自己的辛酸经历，逃跑、囚禁、俘虏、自戕、谋害……果然幸福的人生总是有迹可循，而悲惨的人生却各有各的不幸。

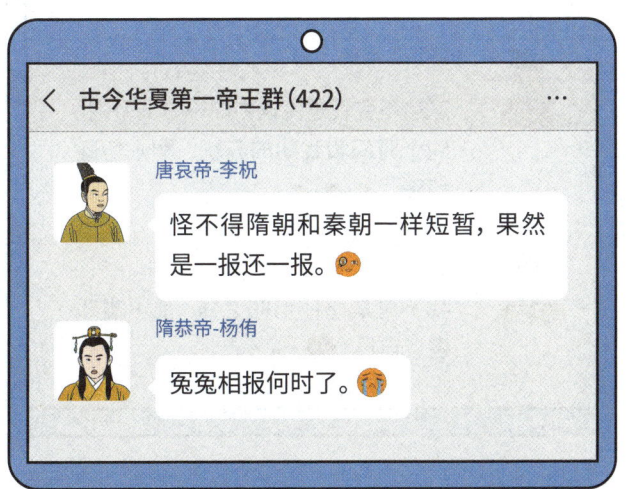

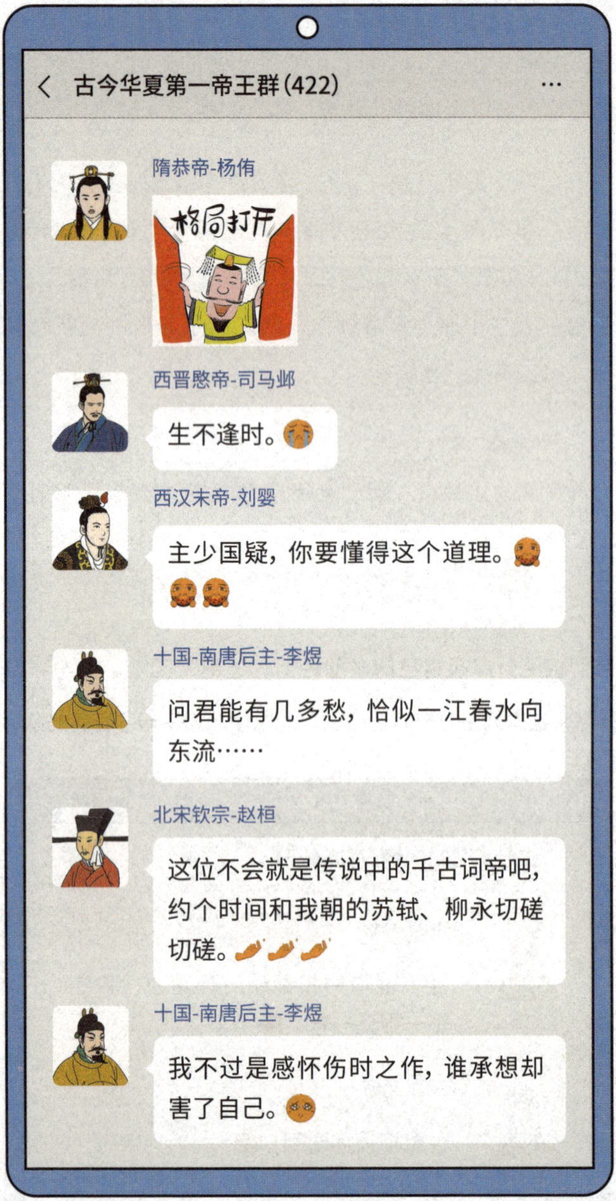

古今华夏第一帝王群(422)

隋恭帝-杨侑

西晋愍帝-司马邺
生不逢时。

西汉末帝-刘婴
主少国疑,你要懂得这个道理。

十国-南唐后主-李煜
问君能有几多愁,恰似一江春水向东流……

北宋钦宗-赵桓
这位不会就是传说中的千古词帝吧,约个时间和我朝的苏轼、柳永切磋切磋。

十国-南唐后主-李煜
我不过是感怀伤时之作,谁承想却害了自己。

古今华夏第一帝王群(422)

十国-南唐后主-李煜

三国-吴末帝-孙皓

一切都是命运的安排。就比如：天下英雄谁敌手?曹刘。生子当如孙仲谋。👍👍

三国-吴大帝-孙权

你小子平时看着不学无术，正经起来还真有两下子。😏

三国-吴末帝-孙皓

爷爷谬赞，其实我就记得这两句。🤭🤭🤭

三国-吴末帝-孙皓

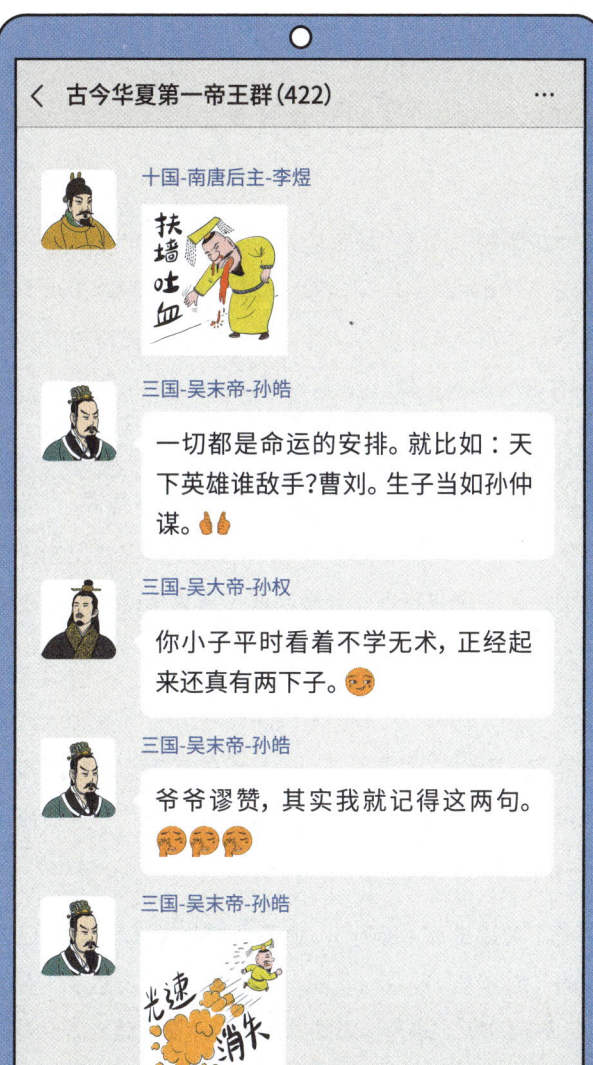

唐哀帝李柷（chù）禅位后，先被降为济阴王，迁于开封以北的曹州（今山东菏泽）。由于太原李克用、凤翔李茂贞、西川王建等仍尊奉哀帝为天下共主，哀帝的存在使朱温深感不安，故于公元907年废黜李柷，建立后梁。

《史记·孙子吴起列传》（西汉司马迁撰）载："主少国疑，大臣未附，百姓不信。"即君主年幼即位，大臣离心，百姓忧惧。西汉末帝刘婴、西晋愍帝司马邺（yè）、北周静帝宇文阐、后周恭帝柴宗训、南宋端宗赵昰、清逊帝溥仪皆为年幼即位，彼时政局动荡，人心浮动。

李煜（yù）因写下"故国不堪回首月明中""恰似一江春水向东流"等词，引发宋太宗不满，被牵机药毒害。牵机药的主要成分番木鳖碱有剧毒，服后会破坏中枢神经系统，全身抽搐，脚往腹部缩，头亦弯至腹部，状极痛苦。

"天下英雄谁敌手？曹刘。生子当如孙仲谋。"该句出自南宋辛弃疾的《南乡子·登京口北固亭有怀》。词中表达了作者渴望建功立业、施展抱负，却因壮志难酬而无限感慨，蕴含着对苟且偷安，偏安一隅的南宋朝廷的愤懑之情。

一
·
建
群
伊
始

　　吴末帝孙皓听着才华横溢的李煜倾诉衷肠，动了恻隐之心。尽管自己胸无点墨，但却对一句词念念不忘，本是为宽慰李煜，哪知还意外收获了祖父的夸赞。

古今华夏第一帝王群(422)

北宋钦宗-赵桓
孙权又如何，不过也是肉体凡胎罢了。若论英明神武，还得是我太祖爷黄袍加身。

北宋钦宗-赵桓
[彩虹屁]

元太宗-窝阔台
得了吧，刚立国就杯酒释兵权，重文抑武，怪不得北宋战斗力直线下降。

元太宗-窝阔台
[你可长点心吧]

13

古今华夏第一帝王群(422)

北宋太宗-赵光义
防人之心不可无。

清高宗-乾隆
确实,只顾着集中精力防自己人,反倒被辽金吊打。

北宋太祖-赵匡胤
我还不都是为了天下太平嘛。

北宋太祖-赵匡胤

元世祖-忽必烈
天下太平的前提是强悍的军事实力,就像我爷爷,骑马射箭,样样精通。

明成祖-朱棣
你确定?一代天骄,成吉思汗,只识弯弓射大雕。

一 · 建群伊始

古今华夏第一帝王群(422)

明成祖-朱棣

明神宗-朱翊钧
是啊，要做就做体育文化人。

元太祖-成吉思汗
你们俩还是太年轻，浅尝辄止可不行。

元睿宗-拖雷
力挺爸爸！

元定宗-贵由
力挺爷爷！

黄袍加身：意为披上黄袍，登上帝位，也指发动政变取得成功。源自北宋太祖赵匡胤于陈桥驿发动兵变，诸将为他披上黄袍，拥

15

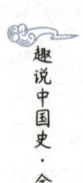

立他为皇帝。赵匡胤之所以能够"黄袍加身",与晚唐五代以来藩镇割据、武将权重的政治特点密切相关。事后,赵匡胤定都汴京(今河南开封),建立北宋。为进一步加强中央集权,赵匡胤组织了一次酒宴,席中暗示手握兵权的武将上交兵权,并许以丰厚的待遇,翌日各将自行请辞。

重文抑武:北宋太祖赵匡胤定下的国策,即通过提拔文官,抑制武将,加强中央集权。此外,北宋严格管理民间的武器,通常不允许使用带刃的器具。

"一代天骄,成吉思汗,只识弯弓射大雕。"此句出自毛泽东的《沁园春·雪》,表面上意为成吉思汗只有杰出的军事才能。上句为"秦皇汉武,略输文采;唐宗宋祖,稍逊风骚",意为即使像秦始皇、汉武帝那样英勇神武,文治方面也有欠缺。而像唐太宗、宋太祖这类明君,文学才华也有不足之处。在此借用成吉思汗的军事成就表达诗人的远大抱负。

眼见群里的气氛越来越热闹,学识渊博的康熙帝再也忍不住了,从容淡定地爆出一个惊天大"瓜"。

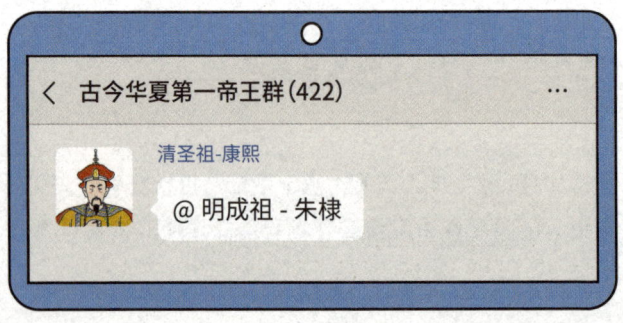

古今华夏第一帝王群(422)

清圣祖-康熙

别五十步笑百步了,你爸爸的学历也没比隔壁高出多少。面对倭寇来犯,他私信向我请教圣旨的措辞:"奉天承运皇帝,诏曰,告诉百姓们,准备好刀子,这帮家伙来了,杀了再说。钦此。"

西汉末帝-刘婴

隋恭帝-杨侑

明成祖-朱棣

各位不必诧异,我爸爸这是虚心求教,博采众长,况且这样的表达方式也是独创呢。

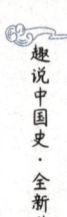

古今华夏第一帝王群(422)

明成祖-朱棣

明太祖-朱元璋

朱棣这小子,真是哪壶不开提哪壶,我就说当初不能把皇位交给他。

清逊帝-溥仪

见过英式英语,没见过这样"高级"的中式中文。

南宋端宗-赵昰

恕我孤陋寡闻,明太祖的文化水平是真够"高"的。

十国-南唐后主-李煜

雕栏玉砌应犹在,只是朱颜改。

明太祖-朱元璋

@明成祖-朱棣 请你立刻消失,哪儿凉快哪儿待着去。

清圣祖康熙娴熟典籍，精通诗词歌赋，对西方的科学技术也有浓厚的兴趣。吕思勉先生称康熙帝："乐于求学，勤于办事，于天文、地理、律历、算术……学问，多所通晓。"

明代学者沈德符在《野获编》中载："太祖奉天二字，千古独见。故神训中云：皇帝所执大圭上镂'奉天法祖'四字，臣下诰敕命中，必首云'奉天承运皇帝'。"即1368年朱元璋于应天府（今南京）登基，自称"奉天承运皇帝"，奉天意为顺应天意，承运意为承继新的气运，以此阐明继承皇位的合法性。

"雕栏玉砌应犹在，只是朱颜改。"出自李煜的《虞美人》，原意为物是人非，此处借用暗讽朱元璋在圣旨中口语与正式语混用。

明太祖朱元璋的一世英名，因朱棣一时兴起而沦为群成员津津乐道的谈资，他丢失的颜面究竟能否借机再找补回来呢？

建群伊始围绕中国历代帝王的首次会面展开，既可见开国君主意气风发，神采奕奕，亦可见末代帝王凄凄惨惨地吐苦水，还可见历代帝王关于起名字的讨论。凡此种种，表明尽管中国历代王朝各有千秋，却终究逃不过治乱兴衰的历史周期律。

二 何以为制

上回说到,明太祖朱元璋因圣旨风波受到群嘲,夜不能寐。为了重新树立光辉形象,三番五次私信明思宗朱由检,暗示他见缝插针。那么,朱由检能否不负所托呢?

古今华夏第一帝王群(422)

秦二世-胡亥

咳咳,各位家人少安毋躁,下面隆重有请我足智多谋的爸爸发表"身为中国历史上第一位皇帝"的感想。

秦降王-子婴

唐玄宗-李隆基

秦王扫六合,虎视何雄哉!请问您的灵感由何而来?

秦始皇-嬴政

如你所说,我自视德高三皇,功过五帝,故而由我开始,自称"皇帝"。

秦始皇-嬴政

二·何以为制

古今华夏第一帝王群(422)

明思宗-朱由检
您既然"唯我独尊",为何又要设立三公九卿作为左膀右臂?

秦二世-胡亥
天下之大,爸爸岂能事无巨细?再者,中央以三公九卿各司其职,地方以郡县协调管理,共助我大秦蒸蒸日上。

南朝-宋武帝-刘裕
说得这么高大上,自你爸爸走后,也没见你支撑多久。

西汉惠帝-刘盈
这么说来,还得是我爸爸技高一筹。

西汉高祖-刘邦
我也是摸着始皇帝过河,才发现郡国并行的妙处所在。

西汉高祖-刘邦

23

古今华夏第一帝王群(422)

西汉景帝-刘启

爷爷，您在位时郡国并行尚为良策，到我这儿却不好使了。

东汉章帝-刘炟

前辈，那还不是因为你削藩闹的。

东汉章帝-刘炟

清圣祖-康熙

说句公道话，这些藩王本就心怀鬼胎，迟早要反的，长痛不如短痛。

西汉武帝-刘彻

既如此，还是不能操之过急，应该缓缓削之。

秦始皇-嬴政

请问阁下是？

24

秦始皇称帝后，建立了以皇帝为首的三公九卿制。丞相为百官之长，协助皇帝处理政务；太尉职掌军事；御史大夫负责监察。这三者并称三公，三公之下，还有众多高级官员，合称九卿。九卿分掌皇家具体事务，总汇于丞相，总决于皇帝。

秦始皇采纳丞相李斯的建议，废除分封制，推行郡县制，分天下为三十六郡，郡县直属中央，长官由中央任命。郡设郡守掌全郡政务，郡尉掌军事，监御史掌监察。郡下设县，县下设基层组织乡、亭、里。

西汉建立之初，为加强中央集权，防止权奸乱国，不仅沿袭秦朝的郡县制，还分封了一些诸侯国，郡县制与分封制并行。

汉景帝三年（公元前154年），以吴王刘濞为中心的七个刘姓宗室诸侯，因不满朝廷实行削藩政策，剥夺地方诸侯王权力，故而兴兵反抗，最终太尉周亚夫、大将军窦婴平定叛乱。

清朝康熙初年，以吴三桂为首的三位藩王借清廷撤藩为由头，联合反清势力起兵叛乱，结果以吴三桂之孙吴世璠兵败自缢告终。

元朔二年（公元前127年），汉武帝采纳主父偃的建议，颁布《推恩令》，规定诸侯王王位由嫡长子继承，同时推私恩把王国土地的一部分给其余子弟为列侯，通过众建诸侯达到削弱其势力的目的，进而加强中央集权。

谈到削藩的问题时,康熙帝对汉景帝的大刀阔斧表示支持,而刘彻却不以为然,引起了始皇帝的注意。

古今华夏第一帝王群(422)

西汉武帝-刘彻
来啦来啦

西汉武帝-刘彻
各位家人好,我就是与始皇帝并称"秦皇汉武",开创了汉武盛世,声名威震四海的刘彻!

三国-魏明帝-曹叡
都说汉承秦制,您也不过是拾人牙慧,有什么好骄傲的。

西汉武帝-刘彻
承秦又不是完全相同,就比如我将原先负责决策的丞相派去执行公务,不经意间加强了皇权。

26

二·何以为制

古今华夏第一帝王群(422)

秦始皇-嬴政

东汉光武帝-刘秀
您这样旁敲侧击，着实有些费功夫，倒不如我直接设个尚书台，省心省力。

东汉光武帝-刘秀

三国-魏文帝-曹丕
尚书台表面看甚好，可实际还是走的三公九卿、一家独大的老路。故而我设中书监等官，以作牵制。

东晋元帝-司马睿
主贤臣良，共治天下亦未尝不可。

27

古今华夏第一帝王群(422)

明思宗-朱由检
各位前辈筹谋权力制衡,好不"烧脑"!莫不如我家太祖爷直接废除宰相制度,一废解千愁!

北朝-北魏文成帝-拓跋濬
竟然还可以这么操作?

南朝-陈后主-陈叔宝

唐文宗-李昂
检兄,我被权臣拿捏已久,苦不堪言,可否帮我搭个线,把你家明太祖的微信推给我,让我也学学惩治权臣的法子。

唐文宗-李昂

28

二 · 何以为制

汉武帝为削弱丞相的权力，建立中朝以分外朝之权，进而加强皇权。中朝以尚书令为首，在宫内办公，作为决策机构；外朝以丞相为首，在宫外办公，作为执行机构。

鉴于西汉末年外戚专权，东汉光武帝设立尚书台。尚书台不

仅负责传达政令，参与军国大政的决策，还纠察百官，实际上成为皇帝决策与发号施令的权力机构。《后汉书·卷四十九》载，光武皇帝"虽置三公，事归台阁。自此以来，三公之职，备员而已"。尚书台直接听命于皇帝，三公的权力受到削弱。

三国魏文帝曹丕设中书监、令，以分尚书之权。中书监、令职掌机要，参与决策，宣行诏令，权任极重，但资历较浅，以便皇帝控制。晋承魏制，中书监、令并置，权在尚书令上，相当于丞相。

挟天子以令诸侯：刘备曾三顾茅庐，请诸葛亮出山辅佐，他们谈话的内容形成了《隆中对》。诸葛亮在《隆中对》中分析了天下局势："今曹操已拥百万之众，挟天子以令诸侯，此诚不可与之争锋。"意为曹操现已拥有百万大军，挟持皇帝，号令诸侯，这种形势之下，与他硬碰硬实非良策。

西晋灭亡后，琅琊王氏王导、王敦兄弟辅佐皇室司马睿建立东晋。王导总揽朝权；王敦则手握重兵，坐拥荆州，居上游以制建康（今江苏南京）。因王导拥戴之功，晋元帝以殊礼待之，形成士族高门与东晋皇族"天下与共，御床同登"的局面，时人称之"王与马共天下"。

甘露之变：唐大和九年（835年），唐文宗不甘为宦官控制，以观露为名，欲将宦官头目仇士良骗至禁卫军的后院斩杀，被仇士良发觉，最终宦官势力得胜，造成朝廷数以百计的官员遭到杀害。

为了加强皇权，群里各位成员大显身手。明思宗朱由检眼见时机成熟，顺势提出明太祖朱元璋对付权臣自有妙招，引起了群成员的浓厚兴趣。

二 · 何以为制

古今华夏第一帝王群(422)

东汉献帝-刘协
留下了不争气的泪水！

明思宗-朱由检
既如此，往后就跟着我们治隆唐宋的太祖爷，多学点整治权臣的干货。

隋文帝-杨坚
什么治隆唐宋，我不认可，若是没有我朝创立三省六部制，你们太祖爷能这么轻易开窍吗？

北宋太祖-赵匡胤

北宋太祖-赵匡胤
是啊，我也不服，我赵宋王朝少说也是二府三司制的积极贡献者。

明太祖-朱元璋
两位前辈居功至伟，朱某自是铭记在心。🙏🙏🙏

元太祖-成吉思汗

等等,你小子还漏了一个,我们元朝的中书省那也是独一无二,举世无双的。

明成祖-朱棣

相比宋代的二府三司,元朝的中书省办事效率确实提高不少,但想要加强皇权,中书省却不能一劳永逸啊。

明太祖-朱元璋

你是个有眼力见儿的,所以我在推行了一段时间的中书省后,就借胡惟庸谋反之机,顺水推舟给它废啦。

明太祖-朱元璋

清世祖-顺治

胡惟庸不过是个引子,为加强皇权,您居然牵连那么多无辜之人。善哉!善哉!🙏🙏🙏

划重点

康熙统治时期有六次南巡，其中五次曾前往南京明孝陵谒陵，还亲笔题写"治隆唐宋"，并树碑于明孝陵前，表达了对明太祖时期综合国力的肯定。

三省六部制：隋唐时期的中央官制，初创于隋朝，完善于唐朝。三省即中书、门下、尚书省，分别负责起草诏旨、奉驳审议、执行决定。三省长官同为宰相，共同负责中枢事务。尚书省下设吏、户、礼、兵、刑、工六部，六部下设二十四司，负责贯彻各种政令。

二府三司制：北宋的中央行政体制。二府为中书门下与枢密院，分掌行政和军政。三司主管财政，包括盐铁、度支、户部三部。

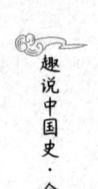

二府三司制加强了君权，但因政出多门，导致行政效率低下。

中书省：元代中央最高行政机构。元代废除三省制，实行一省制，以中书省总理全国政务。中书省下辖吏、户、礼、兵、刑、工六部，同时直辖腹里之地。中书省虽提高了行政效率，却严重威胁了皇权。

明朝建国初期，百废待兴，明太祖朱元璋仍沿袭元朝的中书省宰相负责制。这一制度使得皇权受到掣肘，为加强中央集权，朱元璋以整顿吏治为名，策划了明初四大案，包括空印案、胡惟庸案、郭桓案、蓝玉案，开始大肆诛杀开国文臣与武将。洪武二十三年（1390年），朱元璋颁布《昭示奸党录》，受牵连者多达3万余人。

胡惟庸：安徽定远人，明朝开国功臣。从洪武六年（1373年）至洪武十三年（1380年），胡惟庸任中书省左丞相，权倾一时，逐渐专权跋扈，结党营私，先是被朱元璋严厉斥责，后因被告密谋造反，获罪下狱。朱元璋以胡惟庸案为契机，诏罢中书省和丞相等官，形成皇帝直辖六部，皇权高度集中的局面。

曹魏建立后，曹操被曹丕追尊为"武皇帝"，庙号"太祖"，史称魏武帝。

明太祖朱元璋分享了废除宰相制度的个中缘由，一向信奉佛教的顺治并不看好他的行为，而曹操却表示大力支持。空气突然变得非常安静，大家伙儿面对双方的交锋陷入了沉思。此时，溥仪的一句话打破了僵局。

二 · 何以为制

古今华夏第一帝王群(422)

清逊帝-溥仪
@明太祖-朱元璋 请教一下,您以一人之力每天应付全国各地那么多事儿,不会感到心力交瘁吗?

清逊帝-溥仪
[感觉身体被掏空]

明太祖-朱元璋
人主以一身统御天下,不可无辅臣,而辅臣必择乎正士。不瞒你说,我身边可是留了一个有名无权的智囊团呢。

元宪宗-蒙哥
怪不得,原来早就预备了后手。

明成祖-朱棣
爸爸,智囊团好歹也贡献了那么多计谋,至少应该给他们点儿甜头吧。

35

古今华夏第一帝王群 (422)

明神宗-朱翊钧
依我看,有名无实尚可,倘若名实兼具,阁臣便有机可乘,权倾朝野,尾大不掉啊。

清圣祖-康熙
那就证明你的能力还差点儿。两虎相争,必有一伤,我设的南书房就能为我所用,而我只需坐收渔翁之利即可。

清圣祖-康熙
[躺平]

清世宗-雍正
承蒙爸爸提点,我也带出了一批乖乖听话的军机大臣。

清太宗-皇太极
我只知南书房、内阁、议政王大臣会议,哪来的军机大臣?

二·何以为制

古今华夏第一帝王群(422)

清仁宗-嘉庆
就是为了架空南书房和议政王大臣会议呗。

清太祖-努尔哈赤
好家伙,我在位时推行的议政王大臣会议成摆设了?

清太祖-努尔哈赤
（棺材板压不住了）

清高宗-乾隆
太祖爷,时代在发展,制度也要随之革新嘛。

── 划 重 点 ──

明太祖朱元璋废丞相制后,因政务繁重,便挑选文人儒士,依照春夏秋冬四时设置四辅官,辅助日常政务。洪武十五年（1382

37

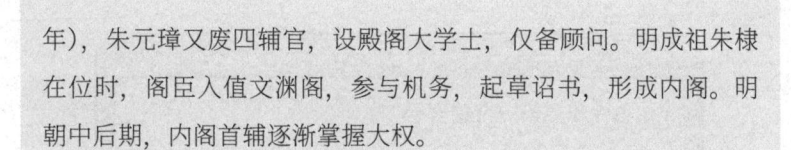

年），朱元璋又废四辅官，设殿阁大学士，仅备顾问。明成祖朱棣在位时，阁臣入值文渊阁，参与机务，起草诏书，形成内阁。明朝中后期，内阁首辅逐渐掌握大权。

议政王大臣会议是由满洲皇室和八旗亲贵组成的决策机构。清军入关前，军国大政由其决定。入关后，虽设内阁，但军国大事不经内阁票拟，而由议政王大臣会议策划方案，皇帝最终裁决。

为削弱内阁和议政王大臣会议的权力，康熙帝从翰林官中挑选才品兼优者入值乾清宫南书房。入值者不仅陪同皇帝写字作诗，也依照皇帝意旨拟写谕旨，发布政令，形成以皇帝为中心的决策机构。

雍正帝设立军机处，初为办理西北军务。军机大臣由皇帝任命，既无品级，亦无俸禄。清代学者赵翼在《檐曝杂记·卷一》中称军机大臣"只供传述缮撰，而不能稍有赞画于其间"，意为军机处实为皇帝的秘书机构，军机大臣仅为承旨办事。

康熙帝、雍正帝纷纷发表自己加强皇权的举措，溥仪自以为爱新觉罗家族拔得头筹，深以为傲。于是顺势提议接下来由各大家族轮番晒出疆域范围，他自视胜券在握。那么，结果是否能如他所愿呢？

何以为制中的"制"包括三层含义：其一是围绕中央官制展开的讨论；其二为皇权与相权的制衡，如学者黄仁宇先生在《万历十五年》中阐述的万历皇帝和张居正的微妙关系，万历皇帝一方面器重张居正，将其视为肱股之臣，但同时又心怀戒备，以防皇权旁落；其三为因时制宜，清代学者魏源的《圣武记》中载"为政贵因时制宜"，意为统治者治理国家，最重要的是能够根据不同的形势，采取相应的对策。

三
万里河山

溥仪为了向各大家族展示爱新觉罗家族统治下的疆域辽阔无垠，私下收集了多张清朝疆域地图。令溥仪没想到的是，各大家族藏龙卧虎，不仅有地图王者，更不乏交通达人。

三 · 万里河山

古今华夏第一帝王群（422）

清逊帝-溥仪
劳驾移步欣赏我朋友圈刚更新的嘉庆二十五年（1820年）的地图。

清仁宗-嘉庆
你小子从哪儿盗的图？

清逊帝-溥仪
这您就甭管了，有图有真相，我爱新觉罗家族统治的万里河山，一览无余。🎉🎉🎉

清太祖-努尔哈赤
叉会儿腰

清圣祖-康熙
后生可畏啊。😆😆😆

元世祖-忽必烈
若论疆域之辽阔，我蒙元家族必是首屈一指。🎉🎉🎉

41

古今华夏第一帝王群(422)

明宣宗-朱瞻基

[羡慕的眼神]

明宣宗-朱瞻基

自知不如元、清,努力保持微笑。

明神宗-朱翊钧

心中默念,我就是个小透明。

元仁宗-爱育黎拔力八达

我蒙元家族高居榜首的原因,除了骁勇善战,治国有方外,亦不乏"弱宋"的"功劳"啊。

南宋高宗-赵构

[多损啊]

北宋徽宗-赵佶

过分了。

三・万里河山

古今华夏第一帝王群(422)

南宋高宗-赵构
您这样"暗戳戳"地拉踩和讽刺，不合适吧。更何况，即便踏平我们的土地，却永远超越不了我们的文化。

元英宗-硕德八剌
古往今来，成王败寇，还不能任人说了。

北宋徽宗-赵佶
横眉冷对千夫指，我却只愿为艺术而过活。

唐高宗-李治
@南宋高宗-赵构 一个胆怯懦弱，@北宋徽宗-赵佶 一个醉生梦死。我李唐家族苦心经营的万里江山都快被你们丢完了。

北宋太祖-赵匡胤
我赵宋王朝怎么就出了你俩这等不肖子孙。

> 古今华夏第一帝王群(422)
>
> 北宋太祖-赵匡胤
>
> 椰树板
> 压不住了

划重点

> 于逢春先生在《论中国疆域最终奠定的时空坐标》一文中指出："嘉庆二十五年（1820年），既是嘉庆重修《大清一统志》及其所附《皇舆全图》所描述的中国疆域范围的最终底定极点，也是东西方力量对比最终逆转的临界点，更是中国国势由强转弱的最后时刻。"
>
> 元世祖在位时，元朝疆域空前辽阔。至元十七年（1280年），元朝的疆域范围：东北至外兴安岭、鄂霍次克海、日本海，包括库页岛，并到达朝鲜半岛中部的铁岭和慈悲岭一带；北到西伯利亚南部（谭其骧先生认为北到北冰洋），到达贝加尔湖以北的鄂毕河和叶尼塞河上游地区；西北至今新疆大部分地区；西南包括今西藏、云南，以及缅甸北部；南到南海；东南到达东海中的澎湖列岛。

北宋徽宗赵佶擅长绘画，有极高的书法造诣，在位期间为提高画家地位，成立翰林书画院，将绘画作为选拔人才的方式之一。

靖康元年（1126年）春，金兵围困汴京，要求北宋以亲王、宰相各一人为人质，才肯和谈。宋钦宗赵桓派康王赵构前往金营充当人质，后因金人怀疑其宗室身份，要求更换，故得以回宋。正当赵构获释返汴京途中，金兵再次南侵，要求宋朝安排赵构为使，才肯再议和，赵构于是再次前往金营。

马克思在《不列颠在印度统治的未来结果》中指出："野蛮的征服者总是被那些他们所征服的民族的较高文明所征服。这是一条永恒的历史规律。"在此借用说明元朝虽在武力上征服了南宋，但同时也在积极地学习汉文化。

元朝疆域之辽阔，使各大家族深为震撼。惊叹之余，爱育黎拔力八达趁机暗讽宋朝疆域狭小。作为当事人的赵佶、赵构对此避重就轻，点燃了赵匡胤心中的怒火，赵恒见状，连忙解围。

< 古今华夏第一帝王群(422)　　…

北宋真宗-赵恒

太祖莫急，咱们赵宋王朝虽然地方不大，但超级有钱啊。

三·万里河山

45

古今华夏第一帝王群(422)

五代-后周恭帝-柴宗训
口说无凭,何以见得?

北宋钦宗-赵桓
《清明上河图》(中段)[1]为证。

北宋钦宗-赵桓

北宋太宗-赵光义
正是哥哥深谋远略,和平外交,我赵宋王朝才得以藏富于民。

北宋太宗-赵光义

1 图片来源:故宫博物院

三 · 万里河山

古今华夏第一帝王群(422)

西晋愍帝-司马邺
果然是盛世气象,真想亲临其境。

明思宗-朱由检
[羡慕的眼神]

清宣宗-道光
好想过上这般衣食无忧的生活。

唐玄宗-李隆基
你们几个真是没见过世面,若论太平盛世,非我李唐王朝莫属。

唐代宗-李豫
忆昔开元全盛日,小邑犹藏万家室。

十国-南唐后主-李煜
昔日种种繁华,不过是过眼烟云,安史之乱后渐成颓势。

47

古今华夏第一帝王群(422)

唐高宗-李治
我在位期间，就连曾经一度让杨广十分头疼的突厥和高句丽，也被我轻松拿下，并纳入我大唐疆域。

唐高宗-李治
又会儿腰

隋炀帝-杨广
要不是我当急先锋，你能进展这么顺利吗？

划重点

国学大师陈寅恪先生在《邓广铭〈宋史职官志考正〉序》中称："华夏民族之文化，历数千载之演进，造极于赵宋之世。后渐衰微，终必复振。"意为华夏文化经过数千年的演进，至宋代达到了登峰造极的高度。此后虽有衰颓的倾向，但必定能够再次走向振兴。

北宋画家张择端的《清明上河图》描绘了清明时节北宋都城汴京（今河南开封）东角子门内外和汴河两岸的繁华热闹景象。《清明上河图》被视为中国古代风俗画的巅峰之作，堪称描绘北宋社会的"百科全书"。

唐代宗所言出自杜甫的《忆昔》，描述了唐玄宗开元盛世时，人丁兴旺、粮食富足的繁荣景象。该句表面看是对盛世景象的回忆，实则是鼓励代宗重整旗鼓，努力恢复往日繁荣。

安史之乱：唐玄宗末年，河东节度使安禄山与平卢节度使史思明势力膨胀，先后发起与唐朝皇室争夺统治权的叛乱。安史之乱历时八年，唐朝至此由盛转衰。

大业三年（607年），隋炀帝到突厥视察时，无意间看到高句丽使者，宣旨要求其朝见，却遭到拒命。大业八年（612年）至大业十年（614年），隋炀帝连续三次征伐高句丽，但终究没能收服高句丽。

贞观四年（630年），唐军灭亡东突厥，漠南成为唐势力范围。贞观二十年（646年），唐军联手铁勒部落消灭薛延陀汗国，大漠南北广大地区皆为唐的势力范围。唐廷在漠北设立安北都护府，在漠南设立单于都护府。显庆四年（659年），唐军灭西突厥。总章元年（668年）八月，唐军与新罗灭高句丽，并在平壤设安东都护府。

赵宋王朝虽疆域狭小，经济却非常富庶，不少家族成员纷纷投来羡慕的

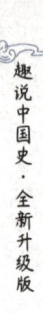

眼光。对此,李唐家族与两汉家族的成员自是不甘示弱,就连杨广也来凑热闹,反倒成为众矢之的。

古今华夏第一帝王群(422)

唐高祖-李渊
@隋炀帝-杨广 表弟啊,你此举真是赔了民心又折兵。

唐高祖-李渊
离了个大谱

西汉文帝-刘恒
英雄所见略同,莫如我大汉王朝自高祖以来与民休息,不仅坐拥万里河山,更是赢得了无尽的民心。

南朝-梁武帝-萧衍
政之所兴,在顺民心。政之所废,在逆民心。

隋炀帝-杨广
不和你们玩了,一言不合就开怼。

三·万里河山

古今华夏第一帝王群(422)

"隋炀帝-杨广"拍了拍"隋恭帝-杨侑"

隋恭帝-杨侑
各位大佬有所不知啊,为了收复吐谷浑和海南岛,我爷爷也是殚精竭虑,煞费苦心。

五代-后周恭帝-柴宗训
两次都是唾手可得,如何能算作他的业绩呢?

西汉武帝-刘彻
是啊,区区小地,何足挂齿。我在位时武将得力,有幸收复河套地区,也算为我大汉江山留下了浓墨重彩的一笔。

西汉武帝-刘彻
[叉会儿腰]

秦始皇-嬴政
刘彻,河套之地于我而言如探囊取物,你又何必贪天之功,以为己力?

51

趣说中国史·全新升级版

古今华夏第一帝王群(422)

西汉宣帝-刘询
> 始皇帝,收复河套只是第一步。我曾爷爷目光长远,派遣张骞出使西域,开通了一条举世瞩目的陆上丝绸之路。

西汉宣帝-刘询
> [彩虹屁]

秦始皇-嬴政
> 等等,你刚说什么路?

十国-南唐后主-李煜
> 那是一条神奇的天路,把人间的温暖送进边疆……

划重点

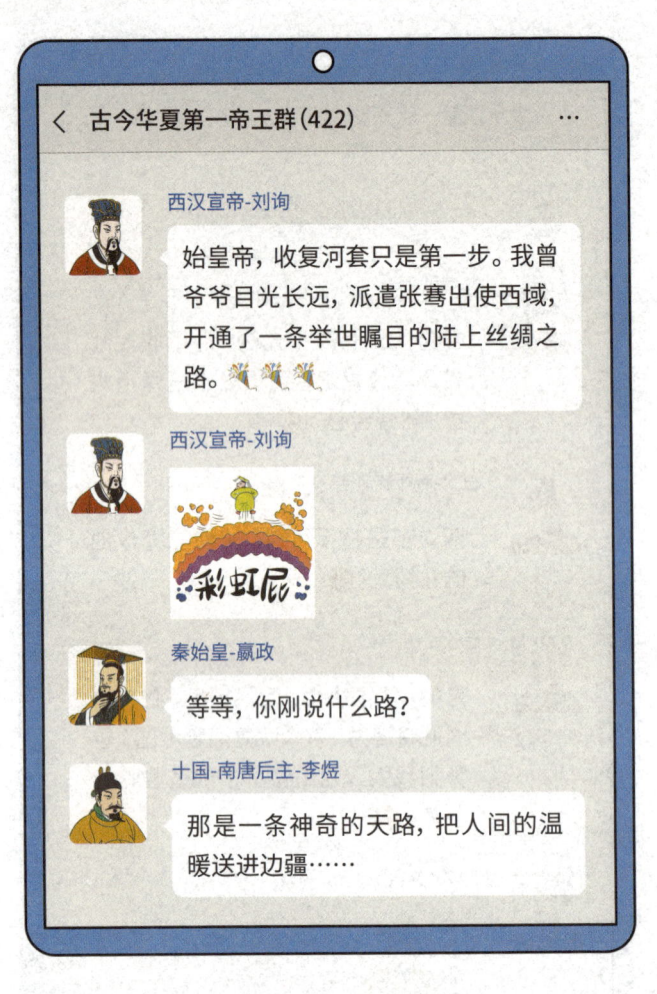

历经秦末动乱,西汉初年经济凋敝,民不聊生。汉高祖下令解散军队,让兵士回乡务农,还减免赋税徭役。文景时期继续推

52

行休养生息之策，至汉武帝时，据《史记·平准书》载："京师之钱累巨万，贯朽而不可校。太仓之粟陈陈相因，充溢露积于外，至腐败不可食。"意为京城积聚大量钱财，甚至连穿钱的绳子腐烂了，难以计数。仓库中的粮食堆积如山，有些粮食只能堆积在外，以至腐烂不可食用。

隋炀帝趁吐谷浑汗国被高车打败之机，攻灭吐谷浑，取得青海一带领地，于河西走廊设鄯善、且末、西海和河源四郡。早在南朝梁陈之际，南岭俚族首领冼夫人受到海南岛儋耳人的归附。由于冼夫人对隋朝的效忠，使隋朝顺利地管辖海南岛，并设置珠崖郡与儋耳郡。

元朔二年（公元前127年），卫青北击匈奴，收复河南地、陇西、北地、上郡的北部，置朔方、五原二郡。西汉北部疆界至此扩展到河套。元狩二年（公元前121年），汉将霍去病出陇西，征服居于河西走廊的匈奴部落，以其地设酒泉郡。

西汉宣帝的祖父刘据是西汉武帝之嫡长子，因此西汉武帝是西汉宣帝的曾祖父。

汉武帝建元三年（公元前138年），张骞出使西域。元狩四年（公元前119年）前后，张骞第二次出使西域，开辟了中原与西域的陆路通道，中原以丝绸为代表的大量精美工艺品行销亚欧大陆，这条通道逐渐被冠以"丝绸之路"的美名。西汉末年，丝绸之路因战乱而阻隔，东汉时再度繁荣。

意难平的杨广暗示杨侑（yòu）帮衬一下，杨侑苦思冥想许久，却难以力挽狂澜。此时始皇帝嬴政想借机炫绩，不料两汉家族直接放大招。

古今华夏第一帝王群(422)

秦始皇-嬴政
我可是修了万里长城，难道我筑的城不比刘彻修过的路要多吗？

秦始皇-嬴政
一整个大无语

东汉明帝-刘庄
@秦始皇-嬴政 @西汉武帝-刘彻 您二位成就的都是强国利民的大业，何必非要一决高下呢。

东汉明帝-刘庄
格局打开

三·万里河山

古今华夏第一帝王群(422)

隋恭帝-杨侑
是啊是啊，像我爷爷开通了贯通南北的京杭大运河，也是一心一意造福百姓。👍

东晋元帝-司马睿
你确定？恐怕更多是为隋炀帝下江南提供方便吧。

东晋元帝-司马睿

隋恭帝-杨侑
您只知我爷爷三下江南，却不知我爷爷也曾派遣吏部侍郎裴矩统管丝路贸易，招徕西域胡商，甚至亲自西巡至张掖。

隋恭帝-杨侑

55

古今华夏第一帝王群(422)

隋炀帝-杨广
孙儿表现不错,赏个大鸡腿。

隋炀帝-杨广
[红包:大鸡腿]

隋恭帝-杨侑
可算让我逮住机会了。

西晋武帝-司马炎
既然有陆路,必然有海路,我在位时广州海路贸易的发展可谓如火如荼。

西晋武帝-司马炎
[躺平表情]

南宋高宗-赵构
海路是真香,我大宋之所以如此富庶,不仅得益于这条海路的东西联通,更是我深明大义,大力支持的结果。

三·万里河山

古今华夏第一帝王群(422)

南宋高宗-赵构

明成祖-朱棣
说起来，我朝郑和七下西洋，开启了海路的新篇章。

元仁宗-爱育黎拔力八达
除了陆路和海路，草原丝路也值得记录。

元仁宗-爱育黎拔力八达

唐德宗-李适
相知无远近，万里尚为邻。

北朝-北魏孝文帝-拓跋宏
依我愚见，各大家族人才辈出，实乃我中华之幸事，理应携手并进，共铸未来！

古今华夏第一帝王群(422)

五代-后周恭帝-柴宗训

秦二世-胡亥

清逊帝-溥仪

划重点

公元前214年,秦始皇派大将蒙恬在秦、燕、赵旧城墙的基础上,修筑了从临洮到辽东绵延万里的城墙,对抵御匈奴,保障中原经济发展、社会安定发挥了重要作用。

隋朝在此前开凿的运河水道及自然水道的基础上，形成了以京都洛阳为中心，向北到涿郡，向西到大兴，向南到余杭的京杭大运河。

西晋太康二年（281年），大秦使者前往广州，形成了广州至罗马帝国的海上丝绸之路。

陆上丝绸之路是东起长安，沿河西走廊穿越新疆的崇山峻岭、沙漠草原通往南亚、西亚乃至里海、地中海沿岸的古代商路。这条长达七千多千米的绵绵商道，纵横相交，成为东西方政治、经济、文化交流的纽带与桥梁。

宋高宗提出"招徕远人，阜通货贿"，支持进口贸易，由此发展出宋代的市舶贸易。宋代出口商品以瓷器为主，进口商品以香药为主，故海上丝绸之路又被称为"陶瓷之路"或"香药之路"。

自永乐三年（1405年）至宣德八年（1433年）的二十八年间，郑和曾先后七次率领船队前往印度洋开展航海活动，加强了中国与亚、非等国的经济文化交流，成为中国乃至世界航海史上的伟大壮举。

草原丝绸之路是指中原汉地通过蒙古高原与欧亚草原，与古代地中海世界之间政治、经济与文化往来的通道。马可·波罗的父亲尼科洛和叔叔马菲奥就曾经由草原丝绸之路来过中国，他们的经历激发了马可·波罗对中国的浓厚兴趣。

两汉家族的陆上丝绸之路抛砖引玉，谈及海上丝绸之路、草原丝绸之路，各大家族成员感慨万分，疆域的变迁与丝路的发展亦是各民族之间交流、交往、交融的见证。

万里河山包括三方面内容。其一是以元、清、唐为代表的中国封建王朝的辽阔疆域；其二是以秦、汉、隋、宋为代表的中国历代帝王对万里河山的经略之策；其三是历代统治者在开拓万里河山的过程中与西方乃至世界的经济往来与文化交流。

四
点滴算数

自命不凡的始皇帝进群多日，突然想起来看看自家人有多少，结果翻来覆去，只看到两位家人。他严重怀疑是不是错觉，连忙询问群主子婴个中缘由。

古今华夏第一帝王群(422)

秦始皇-嬴政
子婴，你再仔细看看，莫要漏了谁，咱们大秦难道就这点儿人？

秦始皇-嬴政
[简直不敢相信]

秦降王-子婴
自您千秋万代的宏业被胡亥付之一炬后，大秦王朝也就朝不保夕了。

秦二世-胡亥
[逆子闭嘴]

秦二世-胡亥
你这乳臭未干的小子，哪有你说话的份儿，休要挑拨我和我爸爸的关系！

四·点滴算数

古今华夏第一帝王群(422)

西汉武帝-刘彻
伐无道,诛暴秦,始皇帝的美梦终究是落空了。

秦始皇-嬴政
刘彻,要不是我首创皇帝制度,你小子还不知道在哪儿呢。

西汉文帝-刘恒
您少往自己脸上贴金,依我看,这一切都归功于我爸爸战胜项羽,结束纷争,重整河山,统一天下。

西汉文帝-刘恒

西汉高祖-刘邦
不愧是我的好儿子,这口才也是随我!

秦二世-胡亥
区区一介草莽,不过用了些小伎俩,也配与我爸爸相提并论?

63

古今华夏第一帝王群(422)

西汉景帝-刘启
草莽又如何，说到底还是成者为王，败者为寇。🌚

西汉景帝-刘启
[表情：又会儿腰]

东汉光武帝-刘秀
是啊，自古英雄不论出身！

秦二世-胡亥
我看你们姓刘的倒是团结得紧，既如此，为何还分东西建汉呢？🐙

划重点

　　秦朝是中国历史上首个大一统的王朝，秦始皇嬴政建立秦朝后自诩德兼三皇，功过五帝，自称"始皇帝"，从此中国有了皇帝的称号。

四·点滴算数

> 西汉与东汉合称两汉。公元前206年，刘邦受封为汉王，领巴蜀汉中四十一县，在楚汉战争中战胜项羽。公元前202年，刘邦正式称帝，定都长安，定国号为汉。刘邦，本名季，生于战国时代沛丰邑中阳里（今江苏丰县），为汉朝开国皇帝，亦为中国历史上第一位平民出身的皇帝。

秦降王子婴不小心揭开了秦亡的遮羞布，西汉各位皇帝对此颇有微词。胡亥为了掩盖事实，一通阴阳怪气，秦与汉的交锋愈演愈烈。

古今华夏第一帝王群（422）

西汉末帝-刘婴
中间出了点小插曲，王莽私信我，他之前一直在群里"潜水"，这会儿能不能说话……

新朝-王莽
@西汉元帝-刘奭 姑父好，各位前辈、后辈大家好！🙏

西汉元帝-刘奭
王莽，你可看清了，这是皇帝群，你什么身份？😒

65

古今华夏第一帝王群(422)

西汉末帝-刘婴
来者都是客,大家表示欢迎!

东汉光武帝-刘秀
刘婴,我看你是好了伤疤忘了疼。王莽当年扶持你做傀儡,后来又弃之不用,你都不计较了?

东汉光武帝-刘秀
[棺材板压不住了]

秦降王-子婴
我来替刘婴回答:过去的事早已消逝,未来的事更渺不可知,只有现在是真实的。🙏🙏🙏

秦降王-子婴
[敲木鱼]

四 · 点滴算数

古今华夏第一帝王群(422)

东汉和帝-刘肇
想当年若我有刘婴这般心态,这日子恐怕也不会太难过……

秦始皇-嬴政
@更始帝-刘玄 这位也是你们两汉家族的成员吗?

更始帝-刘玄
您真是慧眼识英雄,没错,我乃西汉景帝之后,与东汉光武帝刘秀同宗。

更始帝-刘玄
来啦来啦

东汉光武帝-刘秀
你别胡乱攀扯,我可没承认啊。

更始帝-刘玄
同为匡扶汉室大业,更要齐心协力。

67

> **古今华夏第一帝王群(422)**
>
> **秦降王-子婴**
> 扪心自问，您究竟是为匡扶汉室，还是为贪图享乐？
>
> **更始帝-刘玄**
> 子婴，休要得意，若论家族实力，你们家算上你应该都不超过五个人吧？

划重点

更始帝刘玄为汉景帝刘启的后代、汉光武帝刘秀的族兄。地皇四年（23年）正月，绿林军诸部合兵击败新莽将领甄阜、梁丘赐，遂以刘玄为更始将军。二月辛巳（3月11日），因刘玄为刘姓宗室，在淯水边被绿林军拥立为帝，建元更始。公元25年，刘秀建立东汉，为确立自己为光复汉室的正统，并不认定刘玄是西汉皇帝，官修《东观汉记》直接将刘玄归为列传。

西汉末帝刘婴见状不妙，连忙缓和群里气氛。谁承想王莽和刘玄的频频发言，引起了群成员关于家族人数的讨论。

四 · 点滴算数

古今华夏第一帝王群(422)

唐殇帝-李重茂
历史总是惊人的相似，就像隋朝几乎复刻了秦朝的昙花一现。🐶

隋文帝-杨坚
[棺材板压不住了]

隋文帝-杨坚
这么说，我们老杨家也就几个人呗。

隋恭帝-杨侑
几个人的力量也不可小觑，我们杨氏家族最看重的就是家风传承。

唐高祖-李渊
虽然都姓杨，但一个结束了乱世，一个即将步入乱世，简直就是天壤之别。🤏

清圣祖-康熙
说句公道话，秦、隋两代虽昙花一现，却留下了许多惊人的数学成就。👍

69

古今华夏第一帝王群(422)

元太祖-成吉思汗
[此话怎讲]

秦降王-子婴
始皇帝统一度量衡，功在当代，利在千秋！

西汉平帝-刘衎
就这？

划重点

关于子婴的身份，《史记》有三种说法。其一来自《秦始皇本纪》"立二世之兄子公子婴为秦王"，即胡亥的侄子；其二来自《李斯列传》"高自知天弗与，群臣弗许，乃召始皇弟，授之玺"，即秦始皇的弟弟；其三来自《六国年表》"高立二世兄子婴"，即胡亥的哥哥。

秦朝结束了春秋战国的纷争，统一全国；隋朝则结束了魏晋南北朝的纷争，统一全国。隋朝和秦朝均为中国历史上短命的王朝，秦朝统治仅十四年，隋朝统治三十七年。

从唐朝灭亡至北宋建立的这半个多世纪期间，中原地区依次出现梁、唐、晋、汉、周五个朝代，史称后梁、后唐、后晋、后汉、后周，即五代。十国是吴、南唐、吴越、闽、前蜀、后蜀、荆南、楚、南汉、北汉，其中江南以吴国实力最强。

度量衡：计量长短的器具称为度；测定计算容积的器皿称为量；测量物体轻重的工具称为衡。秦始皇统一全国后，发布统一度量衡诏书，建立了一套严格的度量衡管理制度，巩固了国家的统一。

唐殇帝李重茂揭开了秦、隋灭亡的遮羞布，本以为一场暴风雨即将来临，所幸清圣祖康熙是数学深度爱好者，并借此引起了群成员的兴趣。

> **古今华夏第一帝王群(422)**
>
> **秦二世-胡亥**
> 度量衡的统一可是为全国的大一统打下了坚实的基础。👍
>
> **清穆宗-同治**
> 数学过敏症的我一听"数学"俩字就头昏脑涨。

古今华夏第一帝王群(422)

清宣宗-道光
我看你这孩子是干啥啥不行,吃啥啥没够。数学充满了魅力,在西周时代,还被列为六艺之一。

隋恭帝-杨侑
我朝也非常重视数学教育,专门设官进行研究。

东汉光武帝-刘秀
呱唧呱唧

秦始皇-嬴政
当然,在商朝十进制的基础上,九九乘法口诀表也是出自我朝。

秦始皇-嬴政
又会儿膨

四 · 点滴算数

古今华夏第一帝王群(422)

东汉质帝-刘缵
据我所知，九九乘法口诀表在敦煌及居延等地的汉简上都有出现。

秦降王-子婴
但最早是出自我秦朝，里耶秦简[1]了解一下。

秦降王-子婴

正　反

清德宗-光绪
作为乘法运算，九九乘法口诀表在当时的世界可是遥遥领先。

1　图片来源：里耶秦简博物馆

73

古今华夏第一帝王群(422)

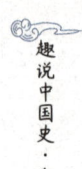

西汉元帝-刘奭
若论遥遥领先的数学著作,《周髀算经》必得位列其中。

东汉冲帝-刘炳
依我看,《九章算术》条分缕析,青出于蓝而胜于蓝。

东汉献帝-刘协
小小算盘,乾坤深藏。柴米油盐小黎庶,江山社稷大朝堂。

南朝-梁武帝-萧衍
《孙子算经》甚是精妙,其中许多问题现如今依然适用。

南宋理宗-赵昀
还是《数书九章》更接地气,而且包罗万象。

元世祖-忽必烈
《四元玉鉴》中的四元术恐怕古今罕有吧。

四 · 点滴算数

> **古今华夏第一帝王群(422)**
>
> **元定宗-贵由**
> 是先有了天元术，才出现了四元术。
>
> **明世宗-朱厚熜**
> 倒不如来看看我朝的《算学宝鉴》，有图有真相。

划重点

六艺是中国古代儒家要求学生掌握的六种基本才能，也泛指中国古代高等教育的学科总称。六艺包括两种含义，分别是《周礼》的古六艺，即礼教、音乐、射箭、驾马车、书法、数学；孔子提出的《诗》《书》《礼》《易》《乐》《春秋》新六艺。

在数学方面，商代甲骨文中有大致三万的数字，明确的十进位制，奇数、偶数和倍数的概念，具备了初步的计算能力。

隋朝国子监设立算学，置博士二人，助教二人，招收学生八十人，进行数学教育。

九九乘法口诀早在春秋战国时代就流传甚广，湖南省龙山县里耶秦简博物馆馆藏的九九乘法口诀表木牍，是我国目前发现的最早、最完整的乘法口诀表实物。

《周髀算经》是算经十书之一，唐初规定其为国子监明算科的教材之一。

《九章算术》涉及九类数学问题，即方田章、粟米章、衰分章、少广章、商功章、均输章、盈不足章、方程章、勾股章，是中国古代算法的扛鼎之作，更是一部与古希腊的《几何原本》并列为世界两大数学体系的代表作。

中国算盘的雏形是汉代的筹算，珠子为椭圆形。东汉时期徐岳的《数术记遗》中记载了十四种算法，珠算为其一，其载："珠算，控带四时，经纬三才。"北周数学家甄鸾对此进行了解释："刻板为三分，其上下二分以停游珠，中间一分以定算位。"经纬三才，意为珠游于三方之中；控带四时，是指刻板下有四颗游珠。

《孙子算经》分为三卷，上卷涉及度量衡的单位与筹算的制度和方法，中卷涉及分数的应用，下卷涉及经典的鸡兔同笼等问题。

南宋数学家秦九韶的《数书九章》取材于宋代社会各个方面，应用广泛。

元代李冶的著作《测圆海镜》和《益古演段》，都涉及运用天元术来解几何问题。元代朱世杰的《四元玉鉴》叙述了多至四元的多项式方程组的消元和求解的算法。"四元术"首先是以"天""地""人""物"来表示不同的未知数，同时建立起方程式，然后用顺序消元的方法解出方程。

明代数学家王文素的《算学宝鉴》，按地支编排，运用导数求解高次方程。

群成员七嘴八舌，对各自所处时期的数学成果如数家珍，却争持不下。群里一度陷入混乱，此时南朝宋武帝刘裕的一番话，转移了大家伙儿的注意力。

< 古今华夏第一帝王群(422)　　⋯

南朝-宋武帝-刘裕
江山代有才人出，上述所说各有千秋，但大多是关于计算的。要说对图形的了解，尤其是圆的认识，莫过于祖冲之精准测算圆周率。

南朝-宋武帝-刘裕
[叉会儿腰]

三国-蜀汉昭烈帝-刘备
还不是从刘徽的割圆术中获得的灵感。

古今华夏第一帝王群(422)

北宋哲宗-赵煦
如果我看得更远,那是因为我站在巨人的肩膀上。

南朝-陈后主-陈叔宝
祖冲之父子推导出球体积的计算公式,总可以视为独创吧。

"新朝-王莽"拍了拍"南朝-陈后主-陈叔宝"

新朝-王莽
只有公式还远远不够,再加上工具的辅助,才更为精准。

新朝-王莽
[这双眼看透大汉了]

西汉元帝-刘奭
王莽,你小子平日里默默无闻,原来是在闷声干大事。说说看,你有什么新发现?

四 · 点滴算数

古今华夏第一帝王群(422)

新朝-王莽
侄儿有件宝贝要奉上。

西晋惠帝-司马衷
是什么好吃的？快让我看看。

西晋惠帝-司马衷
来吧展示

新朝-王莽
铜卡尺[1]。

新朝-王莽

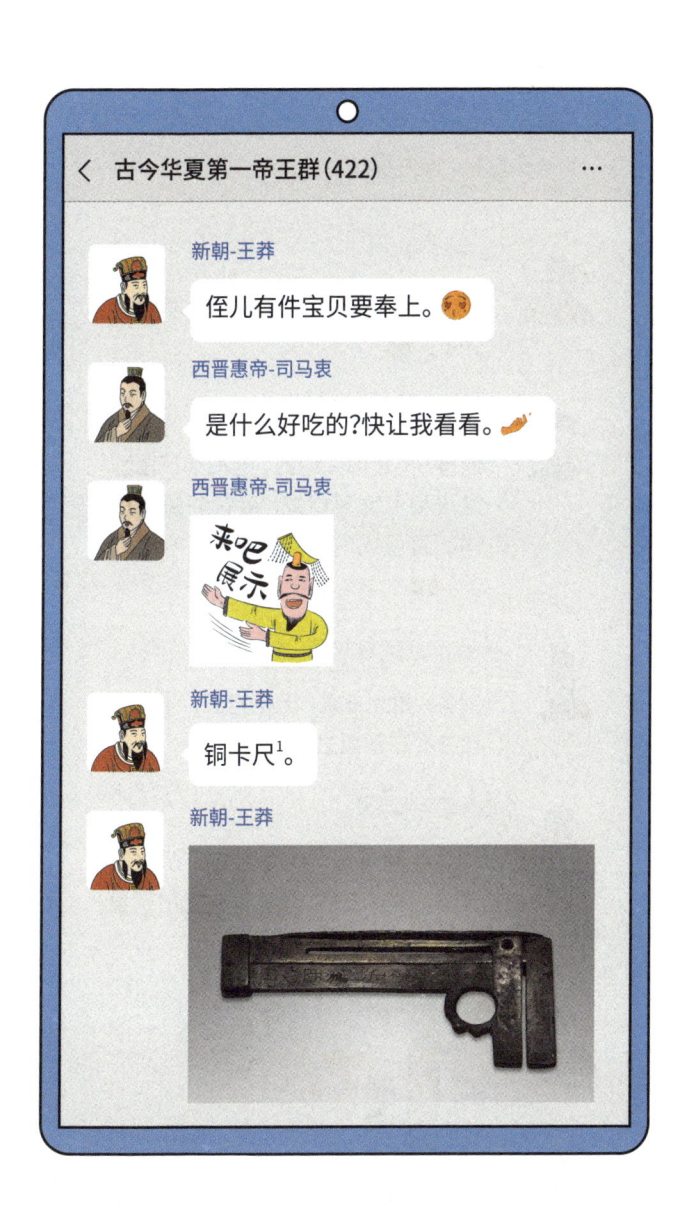

1　图片来源：中国国家博物馆

79

古今华夏第一帝王群(422)

北宋英宗-赵曙
这卡尺长得还挺像手枪,能发射子弹不?😊

清德宗-光绪
老哥,不是那么用的。这把卡尺由固定尺和活动尺组成,用它测量圆柱体的直径或内径,比直尺要方便许多。👍👍

北朝-北周静帝-宇文阐
厉害,如此一来,无论方圆,体积和尺寸尽在掌握之中。👍👍

西晋武帝-司马炎
可是作为帝王,我们的使命是放眼天下,筹谋决策,在皇宫中也用不着测量计算啊。😶

西晋武帝-司马炎
[暗中观察]

四 · 点滴算数

划重点

　　圆周率是圆的周长与直径的比值，一般用希腊字母 π 表示。魏晋时，刘徽用割圆术计算圆周率；南北朝时，祖冲之将圆周率数值精确推算到小数点后七位。祖冲之及其儿子祖暅通过推算几何体的体积，得到了正确的球体积的计算公式。

　　新朝是中国历史上两汉之间的短暂朝代，为西汉权臣王莽所建立，都城长安（今西安）。汉元帝刘奭（shì）的皇后是王政君，亦为王莽的姑姑。

　　元康七年（297年），关中发生饥荒，锦衣玉食的西晋惠帝司马衷却不解地表示："何不食肉糜？"司马衷的昏庸，是因为他没有亲身经历百姓的困顿，反映出当时西晋朝廷的腐败。

　　中国国家博物馆珍藏的新莽铜卡尺是我国现今保存最早的卡尺，也是世界上最早的游标量具，为研究我国数学史与度量衡史提供了宝贵资料。

　　群聊成员各显神通，秦始皇推行统一度量衡的政策，汉、宋、元、明各朝人才辈出，著书立说，而王莽则拿出实物展示。谈及数学在宫廷生活中的应用，皇帝们深觉别有一番天地。

81

古今华夏第一帝王群(422)

北宋哲宗-赵煦
那你就外行了,虽然我们无须直接测算,但日常生活中也离不开数学。比如我朝进士黄伯思设计的燕几图。

三国-蜀汉后主-刘禅
[羡慕的眼神]

清高宗-乾隆
这个我知道,七巧板就是从燕几图演变来的。

清穆宗-同治
高宗爷,我在位时七巧板升级换代,变身为十五巧板,乐趣多多。

清德宗-光绪
七巧板、十五巧板、九连环,满满的童年回忆。

四 · 点滴算数

元惠宗-妥懽帖睦尔

@清德宗-光绪 你教我玩七巧板，我带你沉浸式体验蒙古象棋[1]，如何？

元惠宗-妥懽帖睦尔

十国-南唐后主-李煜

你们的玩具花样真多。

十国-南唐后主-李煜

东汉光武帝-刘秀

人各有志，不必羡慕。各位还不知道吧，其实嫔妃侍寝的数量与次序也和数学有关。

1　图片来源：故宫博物院

古今华夏第一帝王群(422)

清高宗-乾隆

清高宗-乾隆
毕竟后宫佳丽众多,为了协调各方关系,减少纷争,运用数学思维分配资源十分关键。

秦始皇-嬴政
这下能一碗水端平了!

西晋武帝-司马炎
如此规矩,堪成方圆!

西汉武帝-刘彻
雨露均沾,妙不可言!

划重点

北宋进士黄伯思于元符三年(1100年)设计了燕几图,燕几即招呼客人宾宴用的案几，宴会时依据宾客多寡适当调整位置，分开、组合变化无穷。清代的七巧板正是在燕几图的基础上发展而来。

同治元年（1862年），童叶庚以七巧板为基础，将七块拼盘增至十五块，采用八卦原理排列组合，并将此新创作的玩具称为益智图，又被后人称十五巧板。

九连环由九个相同的圆环及一把"剑"组成，目标是把九个圆环全套上或卸下。九连环于明代普及，清代上至士大夫，下至贩夫走卒，个个爱玩九连环。

蒙古象棋的造型、走法与国际象棋相似。棋子均为象形，共三十二枚，设有两将（骑马武士）、两炮（狮子）、四象（骆驼）、四马（站立的马）、四车（马拉车）、十六卒（端坐的人）。

《周礼·天官·九嫔》载："凡群妃御见之法，月与后妃其象也，卑者宜先，尊者宜后。女御八十一人当九夕，世妇二十七人当三夕，九嫔九人当一夕，三夫人当一夕，后当一夕。亦十五日而遍云，自望后反之。"嫔妃侍寝的数量是根据等比数列的数学概念，每组女性的数量是前一组的三倍，确保在十五个晚上，皇帝能够临幸后宫中的每个嫔妃。

嫔妃侍寝的次序，也须根据月相变化，因为月象阴，故皇帝在将近月圆，即阴最重时，由位分最高的嫔妃侍寝。上半个月随着月亮由缺而满，位分最低的嫔妃先侍寝，由低而高。下半个月则改由位分最高的嫔妃优先侍寝，由高而低。

数学在中国古代应用广泛,无论是测量时间、长短、大小、曲直,抑或是修筑交通要道、排兵布阵等,都需要用到数学。同时,数学在宫廷生活中也发挥了重要作用,不仅体现在许多宫廷的益智玩具上,甚至反映在嫔妃侍寝的数量与次序中。

五 在位风波

西汉武帝刘彻一心追求卓越,力创惊世之功。功夫不负有心人,历经多日,他终于发现有件事并非由始皇帝而始,激动不已,一大早就在群里活力四射。

古今华夏第一帝王群(422)

西汉武帝-刘彻
各位家人们,我要宣布一件非常重要的事情。

西汉武帝-刘彻
[叉会儿腰 表情图]

西汉昭帝-刘弗陵
爸爸,您不会是炼丹炼得走火入魔了吧。

西汉武帝-刘彻
我现在非常清醒,可以说是大彻大悟。

唐太宗-李世民
炼丹是门技术活儿,估计是技术不过硬。

唐武宗-李炎
太宗爷,咱们家倒是世代炼丹,可误食丹药让我开口不能言。

五 · 在位风波

古今华夏第一帝王群(422)

明世宗-朱厚熜
你们以身试险，催生出威力十足的火药，也算没白白牺牲。

明世宗-朱厚熜
[格局打开]

秦始皇-嬴政
刘彻，你好不安生，打搅我的美梦。

东汉光武帝-刘秀
究竟是什么好事儿，竟让您如此按捺不住，说来听听。

东汉光武帝-刘秀
[彩虹屁]

西汉武帝-刘彻
重要的事情说三遍，从我开始，使用年号纪年。🙏🙏🙏

古今华夏第一帝王群(422)

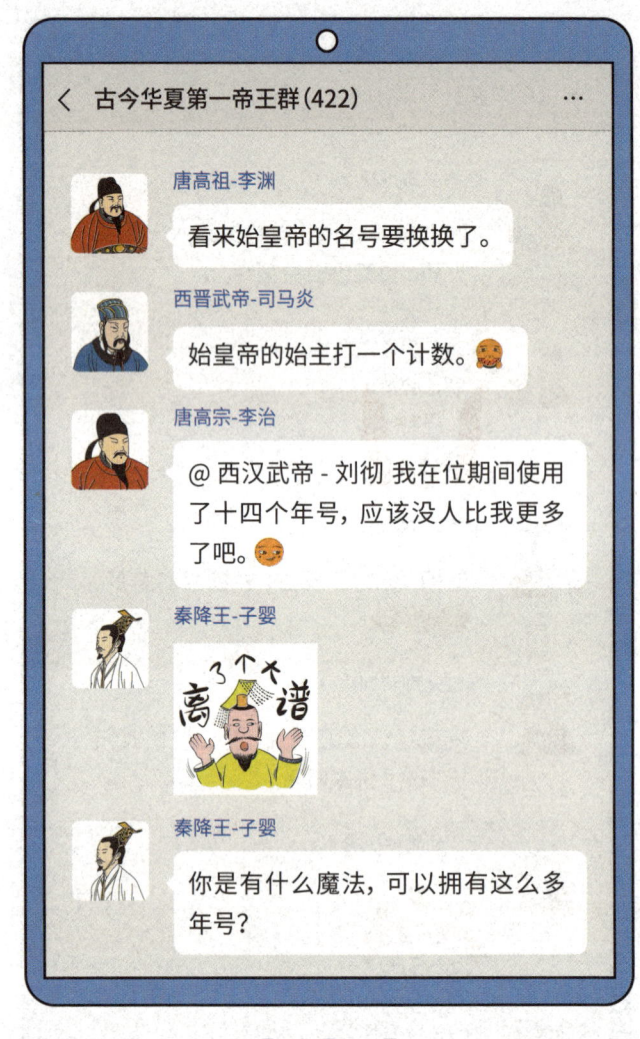

唐高祖-李渊
看来始皇帝的名号要换换了。

西晋武帝-司马炎
始皇帝的始主打一个计数。

唐高宗-李治
@西汉武帝-刘彻 我在位期间使用了十四个年号,应该没人比我更多了吧。

秦降王-子婴
[离了个大谱]

秦降王-子婴
你是有什么魔法,可以拥有这么多年号?

划重点

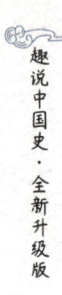

唐太宗李世民年轻时曾对秦皇汉武寻求丹药表示不屑,但到

了晚年因身患重病，也开始服用丹药，最后因服用了方士炼制的所谓的灵丹妙药，导致病情加重。《旧唐书》载：唐太宗"服胡僧长生药，遂致暴疾不救"。

唐武宗李炎也是在三十多岁的时候开始服用丹药，每次服药后，毒热难忍，喜怒无常，临死前连续十天不能说话。

火药与指南针、造纸术、印刷术并称中国古代四大发明。唐元和三年（808年），炼丹家清虚子在《太上圣祖金丹秘诀》记载了将硫黄伏火之法。

先秦至汉初无年号，秦朝用世数，例如始皇帝、二世皇帝、三世皇帝等。汉武帝即位后采用年号纪年，意图强化皇帝唯我独尊的地位。

西汉武帝刘彻夸耀自己是年号的开创者，一向沉默的唐高宗李治积极回应，表示自己应该是使用年号数量最多的皇帝。

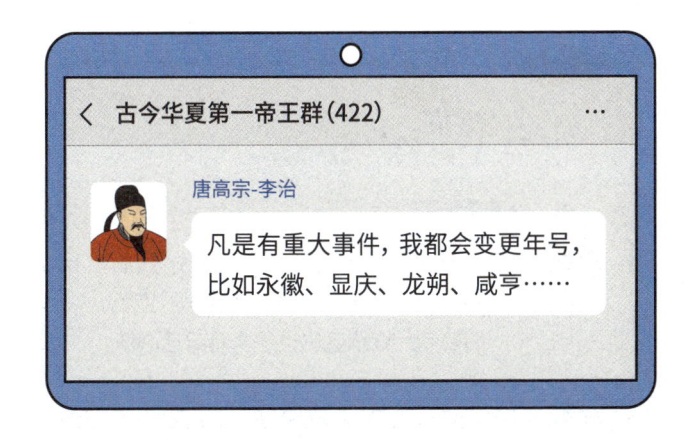

< 古今华夏第一帝王群(422)　　···

唐高宗-李治
凡是有重大事件，我都会变更年号，比如永徽、显庆、龙朔、咸亨……

古今华夏第一帝王群(422)

唐高宗-李治

北宋太祖-赵匡胤
你可真是事无巨细,连太阳颜色发生变化也要换个年号,怪不得那么多。

明成祖-朱棣
关键是那么多年号能记得住吗?

唐中宗-李显
@唐高宗-李治 父皇,我统计过了,母后在位期间,和您的年号一样多。

唐高宗-李治

唐睿宗-李旦
父皇,您有所不知。自您走后,母后不仅改唐为周,还疯狂改年号,连我们哥俩儿继承皇位也是全看母后心情。

五 · 在位风波

古今华夏第一帝王群(422)

唐太宗-李世民
@ 唐高宗 - 李治 你就是这样打理李唐江山的?

唐武后-武则天
儿媳不才,只是想为高宗爷分担一些政务。

清文宗-咸丰
这哪是分担啊,简直就是明抢,旷古未闻。

汉高祖-刘邦
武后参政也就罢了,居然还改朝换代,是不是太过分了。

唐武后-武则天
天命无常,唯有德者居之。

唐武后-武则天
[格局打开]

古今华夏第一帝王群(422)

清圣祖-康熙
那你为何频频更改年号,难保不是心虚?依我看,年号用得久,方能天下安宁。🎉

明成祖-朱棣
年号多又如何,若无庙号,终究是不被认可。据我所知,刘盈就没有庙号。🙈🙈🙈

清穆宗-同治
我虽有庙号,却无实权,和刘盈一样身不由己。🍗

划重点

　　唐高宗李治与武则天二人是中国历代帝王中使用年号数量最多的两位皇帝。李治在位三十四年,先后使用了十四个年号。武则天在位十五年,先后也使用了十四个年号。

　　李唐皇族有一种遗传病,即现在的中风,病发突然,死亡率高。武则天之所以能掌握朝政,其中一个原因是唐高宗患有风疾,难以操持政务。

武则天改唐为周，充分利用年号的更替，巩固武周统治，如"天授""天册万岁"等，旨在宣扬权力的合法性。

　　通常情况下，同一时间段内年号多而短暂，反映出国运衰微；年号少而长久，则表明国力隆盛，天下承平。中国历代帝王中使用时间最长的年号是清圣祖玄烨的年号——康熙，使用了六十一年；玄烨的孙子弘历的年号——乾隆，使用了六十年。

　　西汉惠帝刘盈在位期间，深受母亲吕后临朝听政干预，长期以来被视为一位仁弱的君主，没有庙号。司马迁在《史记》中未设孝惠本纪，而设《吕后本纪》。

　　清穆宗同治即位后，其嫡母慈安太后与生母慈禧太后垂帘听政，并未获得实权。

　　群成员正兴致勃勃地聊着年号，明成祖朱棣猝不及防来了句"西汉惠帝刘盈没有庙号"。一向缄默不语的刘盈一键三连，两汉家族霎时间炸开了锅。

> **古今华夏第一帝王群(422)**
>
> **西汉惠帝-刘盈**
> 没有庙号的又不止我一个，嘤嘤嘤。

古今华夏第一帝王群(422)

西汉高祖-刘邦
那还有谁?

东汉明帝-刘庄
刘奭、刘骜、刘衍。

东汉献帝-刘协
这三位原本是有庙号的,后来因为没有突出的业绩,光武爷就取消了他们的庙号。

西汉元帝-刘奭
这个后辈,眼光独到啊。我在位时送昭君出塞和亲,促成汉匈友好交流。

西汉成帝-刘骜
这么说,增进汉匈交流,我也有份儿。

唐玄宗-李隆基
一去紫台连朔漠,独留青冢向黄昏。怕是整个朔漠装的都是昭君的眼泪,你们父子俩还好意思主动提这茬儿。

五 · 在位风波

古今华夏第一帝王群(422)

西汉平帝-刘衎
相貌平平、业绩平平,我就是个小透明。

西汉平帝-刘衎
[敲木鱼]

明思宗-朱由检
照这么说,我有三个庙号,我的认可度还挺高呗。

清逊帝-溥仪
你可别得意太早。

隋恭帝-杨侑
我虽没有庙号,可我的谥号——恭,谦逊有礼,多有内涵。

五代-后周恭帝-柴宗训
咱能别在这儿自欺欺人了吗?

97

> **古今华夏第一帝王群(422)**
>
> 隋恭帝-杨侑
> 总比我爸的谥号——炀，去礼远众，要好一截子吧。

划重点

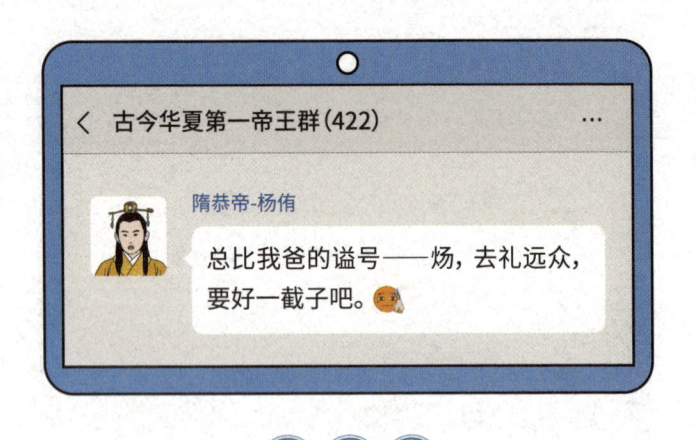

庙号是古代帝王在驾崩后，于太庙立室奉祀追尊的名号。通常开国之君及有开创意义的皇帝庙号都是"祖"，"祖"后面的皇帝一般称"宗"，而"宗"里面最高的就是"太宗"，通常是第二任皇帝。

东汉光武帝刘秀即位后，综合考量西汉皇帝的功绩，取消了西汉元帝刘奭（shì）、西汉成帝刘骜（ào）、西汉平帝刘衎（kàn）的庙号。

谥号是帝王驾崩后，朝廷依其生前事迹所定称号。比如康熙帝初谥"合天弘运文武睿哲恭俭宽裕孝敬诚信功德大成仁皇帝"，"合天"意为合乎天道，"弘运、文武、睿哲、恭俭、宽裕、孝敬、诚信、功德大成"，意在夸赞康熙帝的文治武功。

《逸周书·谥法解》中对"炀"这个谥号有三种解释，即去礼远众、好内远礼、好内怠政。对"恭"有多种解释，如敬事供上、尊贤贵义、尊贤敬让、既过能改、执事坚固、爱民长弟、尊贤让善等。比如唐高祖李渊谥隋代王杨侑为恭帝，宋太祖赵匡胤谥后周皇帝柴宗训为恭帝。

竟宁元年（公元前33年），呼韩邪单于来朝，要求娶汉女为妻，汉元帝将王昭君赐给了呼韩邪单于。建始二年（公元前31年），呼韩邪单于去世，昭君欲归汉，汉成帝命其从胡俗，再嫁呼韩邪单于的儿子复株累若鞮单于。

始皇帝嬴政因刘彻的挖苦耿耿于怀，下决心要揪出刘彻的小辫子，以报一箭之仇。现下两汉家族乱成一锅粥，眼见时机成熟，故以成员身份为由头，开始推波助澜。

> **古今华夏第一帝王群(422)**
>
> **秦始皇-嬴政**
> 我刚仔细看了看成员身份，难怪你们西汉家族人多，起义军拥立的就罢了，现如今侯爵也来充人数？🙄
>
> **西汉昭帝-刘弗陵**
> 什么情况？@西汉海昏侯-刘贺 出来解释一下。😏

五·在位风波

99

< 古今华夏第一帝王群(422)　　　…

西汉海昏侯-刘贺
各位家人们,都是误会……我也是当过皇帝的,只是海昏侯这个称号,知名度比较高。

西汉宣帝-刘询
叔叔,您这皇帝当得真是够仓促的,只有27天。

西汉惠帝-刘盈
什么?居然还有比我更差的。

西汉哀帝-刘欣
是啊,突然间感觉腰板能挺直了。

西汉平帝-刘衎
简直是惊世骇俗。

东汉殇帝-刘隆
+1

东汉冲帝-刘炳
+1

五·在位风波

古今华夏第一帝王群(422)

东汉质帝-刘缵
+1

东汉少帝-刘辩
+1

秦降王-子婴
哈哈，这么看来，我在位46天也不是群里最拉垮的嘛。

西汉海昏侯-刘贺
你们懂什么，人各有志。

西汉宣帝-刘询
您这志向常人所不能及，干尽荒唐事，滑天下之大稽。

西汉宣帝-刘询
[离了个大谱]

西汉武帝-刘彻
刘贺，你给我听好，我刘彻自此以后没有你这个孙子！

101

古今华夏第一帝王群(422)

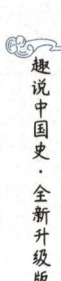

西汉海昏侯-刘贺
爷爷,我这次专门为您进群,您看可否再给我个机会,多多了解我一下?

西汉成帝-刘骜
是啊,我们这些身处中期的皇帝,各有各的不易。

东汉顺帝-刘保
本想有一番作为,可恨外戚专权,自身难保。命不由己,不求关注,只求鼓励。🙏

东汉顺帝-刘保
宝宝心里苦

划重点

刘贺之父刘髆(bó)为汉武帝宠妃李夫人之子,天汉四年(公

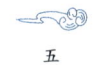

元前97年），刘髆被封为昌邑王，成为西汉第一位昌邑王。刘贺原子承父位，因汉昭帝突然死亡，被霍光等人拥立继皇帝位，仅在位约27天就被剥夺皇位，并被送回原封地昌邑国。

《汉书·霍光传》载：刘贺自"受玺以来二十七日，使者旁午，持节诏诸官署征发，凡千一百二十七事"。即海昏侯刘贺在其任期的27天内，干了1127件荒唐事，平均一天超过40件。

秦汉帝王中在位10年以下的皇帝分别是：西汉惠帝刘盈在位7年，西汉哀帝刘欣在位7年，西汉平帝刘衎在位5年，西汉末帝刘婴在位2年；东汉殇帝刘隆、东汉冲帝刘炳、东汉质帝刘缵（zuǎn）、东汉少帝刘辩四人均在位1年；秦二世胡亥在位3年，秦降王子婴在位46天。

汉成帝刘骜为汉元帝刘奭与王莽姑姑王政君之子，刘骜在位时，外戚势力急剧膨胀，土地兼并更趋严重，社会矛盾日益尖锐，西汉王朝由此走上衰败之路。

汉顺帝刘保为汉安帝刘祜（hù）与宫人李氏之子。永宁元年（120年），刘保被立为太子。刘保为人温和、软弱，加之皇位是依靠宦官所得，故将大权交给宦官，最终无法阻止宦官与外戚专政的局面。

西汉海昏侯刘贺不仅身份特殊，在位期间的种种行为也刷新了历代帝王们的认知。刘贺虽极力辩解，大家却置若罔闻。为了避免成为众矢之的，刘贺试图将话题转移到东汉桓、灵二帝身上。

古今华夏第一帝王群 (422)

西汉海昏侯-刘贺
@东汉桓帝-刘志 @东汉灵帝-刘宏 久闻你俩臭名昭著，今日一见，果真不俗！

东汉桓帝-刘志
哪里哪里，不敢和前辈您比。

东汉桓帝-刘志
[表情：搞错了重来]

东汉灵帝-刘宏
是啊，螳螂捕蝉，黄雀在后，我俩且行且珍惜，全是托您的福！

东汉光武帝-刘秀
刘贺，说话要有证据，莫要污蔑我东汉家族的好儿郎。

东汉光武帝-刘秀
[表情：多损呐]

五 · 在位风波

古今华夏第一帝王群(422)

东汉献帝-刘协
推其致乱之由,殆始于桓、灵二帝。

东汉光武帝-刘秀
你是谁?看你似乎知道些内情。

东汉献帝-刘协
光速消失

三国-蜀汉昭烈帝-刘备
还是我来介绍吧,刘协是东汉的亡国之君,曾受曹操挟制,最终将皇位禅让给曹丕。

西汉武帝-刘彻
刘协,你可真够能耐的啊,我大汉王朝竟然出了你这等亡国灭种之人。

东汉章帝-刘炟
好家伙,我和爸爸苦心经营的"明章之治"还是烟消云散了。

105

古今华夏第一帝王群(422)

东汉光武帝-刘秀

棺材板压不住了

东汉献帝-刘协

汉武爷，光武爷，事实不是你们听到的那样，听我解释啊……

东汉献帝-刘协

扶墙吐血

划重点

东汉桓帝刘志是东汉章帝刘炟（dá）的曾孙，在位期间，东汉国力逐渐衰落，为黄巾之乱埋下伏笔。东汉灵帝刘宏是汉章帝刘炟的玄孙、河间孝王刘开的曾孙，因其父解渎亭侯刘苌（cháng）早逝，故刘宏世袭解渎亭侯的爵位。永康元年（167年），汉桓帝刘志无嗣而崩。建宁元年（168年），汉灵帝刘宏被拥立继位。

汉桓帝统治后期，一批有识之士眼见朝政败坏，要求汉廷整肃吏治。延熹九年（166年），宦官集团与司隶校尉李膺发生冲突。桓帝下令逮捕为李膺请愿的两百多名太学生，后在太傅陈蕃、将军窦武的反对下，太学生得以释放，但被禁锢终身，且不得为官，史称"党锢之祸"。至此，东汉朝政更加黑暗。汉桓帝在位期间，沉迷女色，后宫人数竟达五六千人。

建宁二年（169年），第二次党锢之祸爆发。以曹节为首的宦官，向东汉灵帝进献谗言，诬陷虞放、李膺等人互相勾结，图谋不轨。东汉灵帝偏听偏信，下令追查，李膺等人被处死。

东汉灵帝即位后，时常讥笑东汉桓帝不懂经营家产，故而大肆卖官鬻爵，将所得作为私人开销。光和四年（181年），灵帝扩建西园，修建集市供自己享乐。灵帝与宫女甚至模仿民间市集中的商人、窃贼等，并驾着白驴在西园中来回穿梭。

建安二十五年（220年），曹丕逼迫东汉献帝刘协禅位。曹丕即位后，封刘协为"山阳公"。此后，刘协深居简出，悬壶济世。

明章之治：东汉明帝、章帝在位时采取了宽松治国和息兵养民的政策，同时大兴水利，成为东汉历史上吏治清明，经济蓬勃发展，社会相对稳定的一段治世。

诸葛亮的《出师表》中载："亲贤臣，远小人，此先汉所以兴隆也；亲小人，远贤臣，此后汉所以倾颓也。先帝在时，每与臣论此事，未尝不叹息痛恨于桓、灵也。"即三国时期蜀汉丞相诸葛亮对东汉桓帝、灵帝宠信宦官，招致东汉败亡表示痛惜遗憾。

围绕年号、庙号、谥号，各位帝王展开了激烈的博弈，争论的目的都是为自己能够获得一个中肯的身后名。然而，身处不同时代、不同阶段的帝王，每个人物都面临着不同的际遇。历史的车轮滚滚向前，年号也好，谥号也罢，终究在谈笑间成为过眼烟云。

六
茶酒之争

民以食为天,食以水为先,故饮食之序,饮在食前。现代人的饮料各式各样,而追及古代,历代皇帝喜爱的饮料多为酒和茶,究竟哪种饮料会更胜一筹呢?为了探究答案,秦降王子婴在群里发起了投票:你更爱喝酒还是更爱喝茶?投票活动尚未结束,群成员们已展开唇枪舌剑。

古今华夏第一帝王群(422)

三国-魏文帝-曹丕
我父豪迈，曾在酒后作诗《短歌行》：对酒当歌，人生几何？……何以解忧？唯有杜康。

三国-魏文帝-曹丕
[叉会儿腰 表情]

南朝-宋武帝-刘裕
既然美酒可以抒怀，为何还要实行酒禁？

西汉文帝-刘恒
酿酒多消耗粮食啊。

三国-魏明帝-曹叡
消耗粮食也就罢了，要是再赶上连年的旱灾，简直是雪上加霜呐。

三国-蜀汉昭烈帝-刘备
深有体会。

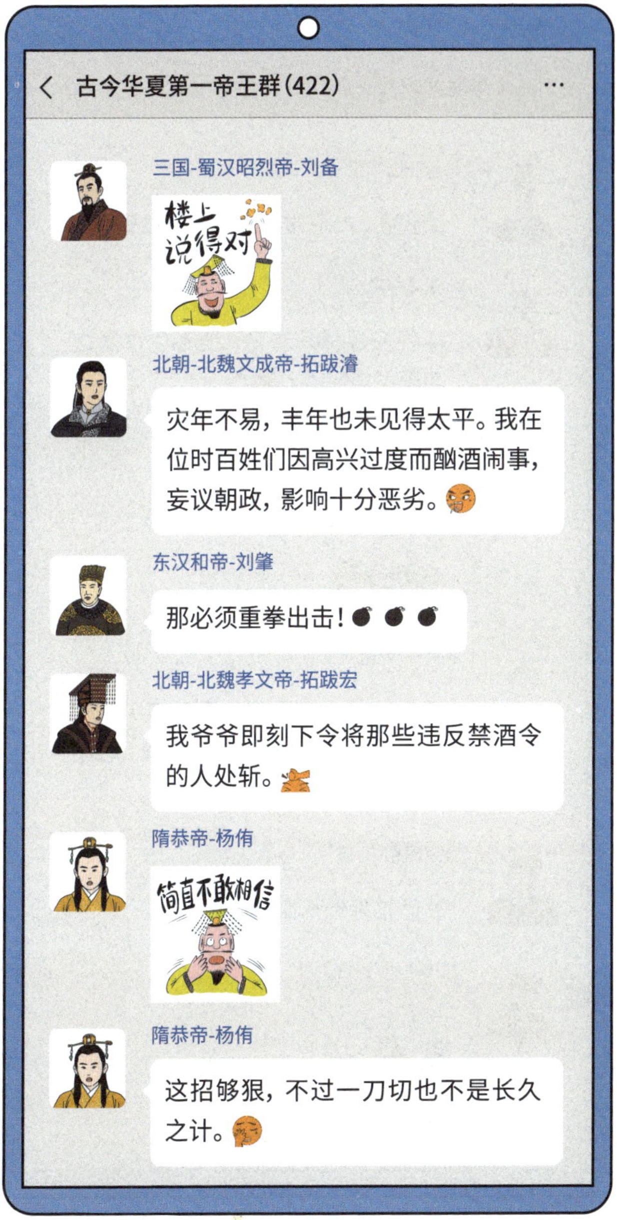

六 · 茶酒之争

古今华夏第一帝王群(422)

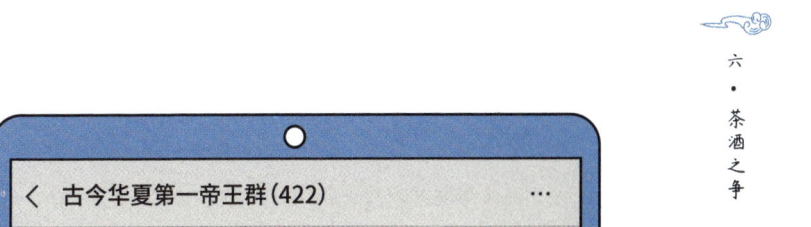

三国-蜀汉昭烈帝-刘备
楼上说得对

北朝-北魏文成帝-拓跋濬
灾年不易，丰年也未见得太平。我在位时百姓们因高兴过度而酗酒闹事，妄议朝政，影响十分恶劣。

东汉和帝-刘肇
那必须重拳出击！

北朝-北魏孝文帝-拓跋宏
我爷爷即刻下令将那些违反禁酒令的人处斩。

隋恭帝-杨侑
简直不敢相信

隋恭帝-杨侑
这招够狠，不过一刀切也不是长久之计。

111

古今华夏第一帝王群(422)

西汉昭帝-刘弗陵
依我看,严刑峻法倒不如征收酒税。

北宋太宗-赵光义
征税只是杯水车薪,挡不住饮酒之习蔚然成风啊。

北宋太宗-赵光义

清高宗-乾隆
既然如此大费周章,莫不如以茶代酒。正所谓,国不可一日无君,君不可一日无茶。

西汉高祖-刘邦
这恐怕是你一家之言吧?

西汉高祖-刘邦

划重点

曹操的《短歌行》,首句为"对酒当歌",欲借酒表达两层深意。一是求贤若渴的迫切心情;二是眼见百姓流离失所,从而慨叹人生苦短,渴望结束乱世纷争。整篇内容如下:

对酒当歌,人生几何?譬如朝露,去日苦多。

慨当以慷,忧思难忘。何以解忧?唯有杜康。

青青子衿,悠悠我心。但为君故,沉吟至今。

呦呦鹿鸣,食野之苹。我有嘉宾,鼓瑟吹笙。

明明如月,何时可掇?忧从中来,不可断绝。

越陌度阡,枉用相存。契阔谈䜩,心念旧恩。

月明星稀,乌鹊南飞。绕树三匝,何枝可依?

山不厌高,海不厌深。周公吐哺,天下归心。

曹操当政期间,因自然灾害频发,为保证兵饷,表奏酒禁。刘备在益州时也曾因天旱而下令禁酒。

西汉文帝时规定:"三人以上无故群饮,罚金四两。"因汉初经济凋敝,农业生产有待恢复,而酿酒需消耗大量谷物,影响粮食积贮,影响国家稳定。

东汉和帝永元十六年(104年)发生自然灾害,朝廷颁布诏令,

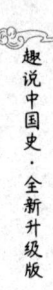

在灾情严重的地区禁止与酒有关的一切活动。

北魏太安四年（458年），因百姓在丰收后酗酒闹事，北魏文成帝拓跋濬（jùn）下令禁酒，对酿酒、卖酒、饮酒的人处以死刑。

汉武帝天汉三年（公元前98年），官府控制酒的生产和流通，独占酒利，禁止私人酿酒。这与当时对外用兵，需广开财源有关。西汉昭帝始元六年（公元前81年），酒类由官府专营在盐铁会议上遭到反对，遂被取消，改征酒税。

"茶"这个字是在唐代出现的，汉代《尔雅》中有"荼，苦荼"的记载。唐代茶学家陆羽幼年托身佛寺，壮年浪迹江湖，著成《茶经》一书，记载了茶的四种别称，即槚、蔎、茗、荈。白居易所作《琵琶行》中有"商人重利轻别离，前月浮梁买茶去"，采用的就是"茶"而非"荼"。

乾隆八十五岁时提出要让位给太子颙琰，一位老臣不无惋惜地说："国不可一日无君。"而乾隆皇帝却说："君不可一日无茶也！"退位后，乾隆帝常常到设有茶亭的御花园中煮泉品茗，悠然自得。

清高宗乾隆是个热心肠，看到群成员僵持不下，立刻当起了和事佬，趁机推广一下他的名言。

六 · 茶酒之争

古今华夏第一帝王群(422)

南宋高宗-赵构
一家之言也不是空穴来风,茶可谓是雅俗共赏。既有"琴棋书画诗酒茶",又有"柴米油盐酱醋茶"。

西晋惠帝-司马衷
岂止是雅俗共赏,在逃亡之际,一碗清茶令我念念不忘,回味无穷。

东晋元帝-司马睿
傻人有傻福。

东晋元帝-司马睿
[暗中观察]

唐玄宗-李隆基
光饮茶有何趣,斗茶才是其乐无穷。

北宋徽宗-赵佶
李老哥日理万机,居然也有斗茶的雅兴,何妨我俩斗上一番?

115

古今华夏第一帝王群(422)

元睿宗-拖雷
你小子治国不行,兴趣爱好倒是一点儿都没落下。

元睿宗-拖雷
给秀儿戴上

北宋钦宗-赵恒
爸爸酷爱饮茶,除了斗茶,还特别擅长点茶,更有名作《大观茶论》问世。

划重点

当茶与"棋琴书画诗酒"并列时,它被归为"文人墨客七雅事"。而当茶与"柴米油盐酱醋"并称时,则是"百姓开门七件事。"

西晋惠帝司马衷在位期间发生八王之乱,受成都王司马颖挟持,逃亡到洛阳。身边的臣子用瓦盂为惠帝盛了一碗茶,惠帝喝得酣畅淋漓,全无悲戚之感,令人唏嘘。

六·茶酒之争

斗茶又称"茗战",是古人集体品评茶的优劣的一种茶事活动。北宋徽宗赵佶称斗茶为盛世之清尚也。北宋政治家范仲淹在《和章岷从事斗茶歌》中写道:"北苑将期献天子,林下雄豪先斗美。"即北苑的官员为了向皇帝献茶,要组织当地茶农等先展开斗茶比赛。

北宋徽宗的《大观茶论》,以陆羽的《茶经》为立论基点,结合宋代的变革,详述茶树的种植、茶叶的制作、茶品的鉴别,是中国历史上唯一一本由皇帝撰写的茶叶专著。

看到北宋的徽、钦二帝似乎对品茶颇有心得,出身贫苦的朱元璋忍不住泼一盆冷水。

古今华夏第一帝王群(422)

明太祖-朱元璋
宋代龙凤贡茶程序烦琐,价值不菲,劳民伤财。为了减轻百姓负担,我废团茶,兴散茶。

明成祖-朱棣
爸爸雷厉风行,推行茶马互市,严打茶叶走私,甚至不惜大义灭亲。👍

元太宗-窝阔台
说实话,我也不太看好贡茶,何必那么讲究?

117

古今华夏第一帝王群(422)

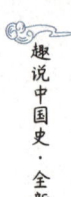

清世宗-雍正

@ 明太祖 - 朱元璋 贡茶制作纵然费时费力,但您也不能全盘否定吧?我可是全靠鄂尔泰进贡的普洱茶提神醒脑呢。

清圣祖-康熙

我曾南巡至苏州,品尝过一款出自碧螺峰的贡茶,其形卷曲似螺,我便赐名为"碧螺春"。

清圣祖-康熙

[叉会儿腰 表情]

唐代宗-李豫

江南进贡的阳羡茶是我的心头好。

[可可可]

南宋孝宗-赵昚

唐有陆羽煎茶,宋有徽宗点茶。明代冲泡散茶,清代茶馆林立。茶文化前后相继,博大精深。

六·茶酒之争

古今华夏第一帝王群(422)

清逊帝-溥仪
> 茶文化不止在中国备受推崇,也曾通过丝绸之路一度漂洋过海,名扬海外。

清逊帝-溥仪
> [格局打开]

明太祖-朱元璋
> @北宋徽宗-赵佶 既然茶文化名扬海外,是否要体现特色,敢问徽宗有何高见?

划重点

北宋的团茶又称饼茶,茶饼表面有复杂的龙凤纹饰,各种进贡的大小龙凤饼茶都有茶名,如万寿龙芽、无疆寿比、瑞云翔龙、太平嘉瑞等。欧阳修的《归田录》载:"其品精绝,谓小团,凡二十饼重一斤,其价值金二两,然金可有而茶不可得。"可见北宋

119

团茶作为皇家贡品的珍贵。

南宋孝宗赵昚封四川蒙顶茶的种茶祖师吴理真为"甘露普惠妙济大师",并将其亲植仙茶的地方封为"皇茶园"。

洪武二十四年(1391年),朱元璋颁发废团茶的诏令,改贡散茶。明廷在产茶区设置茶课司,立仓收储,以汉族的茶叶换购少数民族的马匹。然而,茶叶的走私活动却十分猖狂。其中就包括明太祖的爱婿欧阳伦,他走私茶叶的数量惊人,以权谋私,最终被太祖赐死。

云贵总督鄂尔泰知道雍正总是深夜还在工作,因此常常进贡普洱茶,此举深得雍正欢心。康熙三十八年(1699年),康熙帝南巡路过江苏太湖,巡抚宋荦购得洞庭山所产"吓煞人香"茶进贡。圣祖品尝后极为赞赏,赐名为碧螺春。此后,该茶每年必采办进贡。

唐大历五年(公元770年),唐代宗在浙江长兴顾渚山进设立官焙(专门采造宫廷用茶的生产基地),责成湖州、常州两州刺史督造贡茶并负责进贡阳羡茶。每年新茶采摘后,便日夜兼程送到长安,以便在清明宴上享用,有诗云:"天子须尝阳羡茶,百草不敢先开花。"

日本茶道文化协会负责人森本司郎在《茶史漫话》中写道:"拥有四千年历史的中国茶业,不仅哺育了日本的茶道文化,把作为文化生活的饮茶方式也由亚洲扩展到了欧洲。"

宋代的贡茶堪比黄金,朱元璋强烈要求北宋徽宗赵佶深入解读茶文化的内涵。

六 · 茶酒之争

古今华夏第一帝王群(422)

北宋徽宗-赵佶
> 我所知饮茶有三境界之说。一饮涤昏寐，情来朗爽满天地；再饮清我神，忽如飞雨洒轻尘；三饮便得道，何须苦心破烦恼。

北宋钦宗-赵桓
> 此诗下句是"此物清高世莫知，世人饮酒多自欺"。由此可见，饮茶清雅，而喝酒多半是自欺欺人。

北宋钦宗-赵桓
> [这双眼看透大宋了]

明成祖-朱棣
> 深有同感。正所谓"俱怀逸兴壮思飞，欲上青天揽明月。抽刀断水水更流，举杯消愁愁更愁"。

东汉光武帝-刘秀
> 各位不知是否听过，喝酒也有三境界：微醺是艺术境界，酣畅是哲学境界，酩酊是神游境界。

121

古今华夏第一帝王群(422)

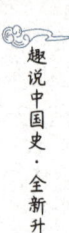

东汉光武帝-刘秀
格局打开

清文宗-咸丰
古之用酒有三：以成礼、以养老、以养病。

唐文宗-李昂
茶也可以成礼啊，而且通常用于祭礼。

北宋太宗-赵光义
百礼之会，非酒不行。🙏

元世祖-忽必烈
劝君更尽一杯酒，西出阳关无故人。饮酒能表达依依惜别之情，多有意义。

元世祖-忽必烈
有什么问题吗

六 · 茶酒之争

古今华夏第一帝王群(422)

清仁宗-嘉庆
茶又何尝不能表达？佳茗头纲贡，浇诗必月团。

清高宗-乾隆
龙井新茶龙井泉，一家风味称烹煎。

元武宗-海山
人生百年常在醉，算来三万六千场。

元武宗-海山

清圣祖-康熙
各位饱读诗词。茶和酒各有千秋，又何必苦苦争执不下。

秦降王-子婴
我们这是以茶助兴，以酒会友，你来我往，相映成趣。

123

> 古今华夏第一帝王群(422)
>
> 秦降王-子婴

划重点

北宋徽、钦二宗所吟的诗均出自唐代诗僧皎然的《饮茶歌诮崔石使君》。品字由三个口组成,因此品一杯茶应分三次进行。皎然在三饮剡溪茶后,心情愉悦,他认为饮茶是涤昏、清神、修道的重要门径,通过饮茶,可以达到物我两忘的美妙境界。

明成祖朱棣所吟的诗出自唐代李白的《宣州谢朓楼饯别校书叔云》,借以表达即使仕途不畅,也从没想过放弃对理想的追求。

唐以后历代都以茶荐社稷、祭宗庙。《明史》颁布的祭礼规定,天子于每年三月在太庙祭祖时,祭品中都要有当时的新茶。

元世祖忽必烈吟的诗出自唐朝王维的《送元二使安西》,诗人借酒送别朋友前往边疆,表达了深厚的情谊。

嘉庆帝对普洱钟爱有加，在中国台北故宫博物馆所藏海棠式红底茶盘上赋诗《煮茗》一首："佳茗头纲贡，浇诗必月团。竹炉添活火，石铫沸惊湍。鱼蟹眼徐扬，旗枪影细攒。一瓯清兴足，春盎避清寒。"该诗表达出嘉庆帝品鉴普洱茶的愉快心情。

乾隆帝酷爱饮茶，有几十首御制茶诗存世，晚年在北海镜清斋内专设"焙茶坞"，将茶作为对大臣讲德政、倡清廉、崇礼仪的一种教育方法。他在品尝龙井茶后，写下《坐龙井上烹茶偶成》一诗："龙井新茶龙井泉，一家风味称烹煎。寸芽生自烂石上，时节焙成谷雨前。"

"人生百年常在醉，算来三万六千场。"出自元朝官窑瓷器上的诗句，显示了蒙古宫廷饮酒的豪迈。

各位皇帝关于茶和酒的争论从口头辩论上升到吟诗炫词，秦降王子婴担心伤了和气，试图缓和气氛。

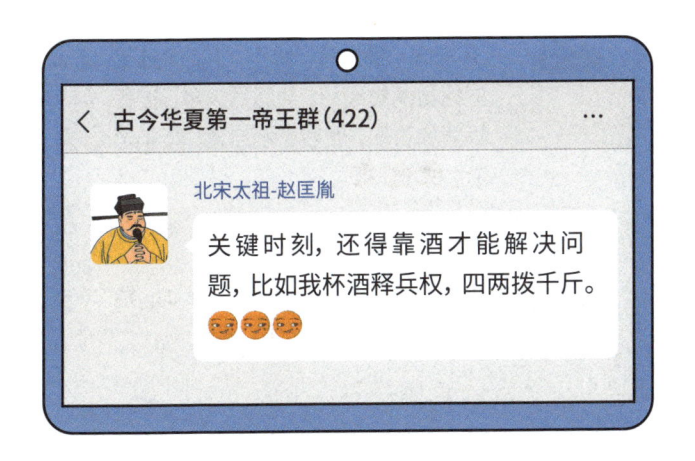

古今华夏第一帝王群(422)

北宋太祖-赵匡胤
关键时刻，还得靠酒才能解决问题，比如我杯酒释兵权，四两拨千斤。

六·茶酒之争

125

古今华夏第一帝王群(422)

三国-曹文帝-曹丕
是啊，酒的力量不可小觑。想当初我父亲唯才是用，凭借杯酒将文人收入麾下，使武将冲锋陷阵！

三国-曹文帝-曹丕
[羡慕的眼神]

西汉高祖-刘邦
借酒收买人心，这一招定然是和我学的。

东晋孝武帝-司马曜
@三国-曹文帝-曹丕 可叹你弟弟曹植虽满腹经纶，却酒后误事，被曹操罢免官职，而后纵酒自遣，英年早逝。

三国-魏文帝-曹丕
那也总好过你醉酒后大放厥词，招致杀身之祸，荒谬至极。

六 · 茶酒之争

古今华夏第一帝王群(422)

三国-魏文帝-曹丕
[吃瓜表情]

东晋孝武帝-司马曜
[干杯表情]

东晋孝武帝-司马曜
[樯橹板 压不住了 表情]

三国-吴末帝-孙皓
不胜酒力，就别不自量力。

东晋孝武帝-司马曜
我再不胜酒力也比某人上台后搞得东吴内无修政之臣，外乏御敌之将要好。

西晋武帝-司马炎
自己喝酒也就罢了，还非要给大臣猛灌酒，真是强人所难。

127

古今华夏第一帝王群(422)

三国-吴末帝-孙皓
说到强人所难,您才是高手。而且,我比那位一想到酒就流哈喇子的海山强多了!

三国-吴末帝-孙皓
一整个大无语

元武宗-海山
如今世道太"卷",想潜个水都甚难。

元武宗-海山
敲木鱼

划重点

杯酒释兵权:宋太祖赵匡胤为巩固皇权,在即位不久后的一次酒宴中,对石守信等禁军统领威逼利诱,轻松解除了他们的兵权,加强了中央集权。

三国时期的曹植满腹经纶,深为曹操所喜爱。但他饮酒不节,令曹操大失所望。建安二十四年(219年),曹操欲派曹植率兵前往解救被关羽包围的曹仁,但他却因烂醉如泥不能复命,被曹操罢免。此后,曹植借酒消愁,郁郁而终。

东晋孝武帝司马曜(yào)早年尚称有为之君,后因重臣谢安逝世,司马道子当权,沉溺酒色。《资治通鉴·卷一百零八》载,东晋太元二十一年(396年),司马曜醉酒后与宠妃张贵人开玩笑说要将她废黜,张贵人听后非常愤怒,夜里打发宦官后,命令婢女用被子把司马曜的脸蒙起来,将他活活闷死。事后,张贵人又重金贿赂左右侍从,说孝武帝因做噩梦,受惊吓而崩。

《三国志》载:吴末帝孙皓好酒,经常摆酒设宴,赴宴之人至少要喝七升酒,否则就要受到处罚。孙皓在统治中后期听信谗言,任用奸佞,制定酷刑,致使东吴国力日渐衰弱。

西晋武帝司马炎意图以战胜国的姿态羞辱孙皓,令其作南人市井小调《尔汝歌》。孙皓不甘受辱,出口吟诵:"昔与汝为邻,今为汝做臣;上汝一杯酒,令汝寿万春!""尔""汝"皆为同辈间带有轻视意义的不敬称呼,孙皓连用四个"汝"回敬晋武帝,晋武帝自讨没趣,深以为悔。

元武宗海山喜爱喝酒,忠臣阿沙不花因担心武宗身体,时常劝他不要酗酒。结果阿沙不花前脚刚走,海山身边的佞臣就拿出

一坛酒。元武宗挥了挥手对他们说:"你们自己去找地方喝酒,别在我面前喝,光看到酒就馋得我口水直流。"

历代皇帝关于茶和酒争论不休,酒文化的底色是壮志豪情,而茶文化的底色是含蓄深沉。无论是居庙堂之高,抑或是处江湖之远,茶与酒都是不可或缺的。

七
皇上驾到

古代为皇帝设计的出行工具有很多，现在所知最早的车是通过考古在殷墟王陵遗址中发现的车马器。从古代的马车，到现代的汽车，出行工具经历了一个漫长的演变过程。那么历代皇帝作为最高统治者，他们的出行方式是如何一步步发展变化的呢？

古今华夏第一帝王群(422)

西汉高祖-刘邦
秦王骑虎游八极,剑光照空天自碧。始皇帝,你这坐驾真够豪奢的!

西汉末帝-刘婴
骑"虎"出行,好气派。👍

西汉末帝-刘婴
[羡慕的眼神]

东汉光武帝-刘秀
哪里是真的虎,不过是蒙着虎皮,悬着豹尾的马车罢了。

秦始皇-嬴政
首次出巡,必须安排最高规格,以彰我大秦国威,以示我恤民之意。

秦始皇-嬴政
[又会儿腰]

132

七 · 皇上驾到

古今华夏第一帝王群(422)

东汉明帝-刘庄
> 耗资甚巨，您还好意思说心系百姓？

秦二世-胡亥
> 这你就不懂了，多亏车队规模庞大，我爸爸在博浪沙才免遭行刺。🙏

西汉惠帝-刘盈
> 躲得了初一，躲不了十五。

西汉惠帝-刘盈
> 暗中观察

三国-魏文帝-曹丕
> 你倒是想躲，但是也没有条件啊。

西汉武帝-刘彻
> 没有条件就创造条件，我在位时，马的数量和质量都实现了巨大的飞跃。

133

> **古今华夏第一帝王群(422)**
>
> 西汉高祖-刘邦
> 好孩子，为我白登之围受辱一雪前耻。
>
> 西汉高祖-刘邦
> [你们都有出息了]

划重点

秦始皇统一中国后，便进行了大张旗鼓、马不停蹄的"亲巡天下，周览远方"。秦始皇自己乘坐的车称金银车，使六马挽驾。随从车队中根据五行配五色，有五色安车和五色立车，又称五时副车，还有能调节温度的辒辌车。

《史记·留侯世家》中载："秦皇帝东游，良与客狙击秦皇帝博浪沙中，误中副车。秦皇帝大怒，大索天下，求贼甚急，为张良故也。良乃更名姓，亡匿下邳。"意为张良计划在秦始皇巡行时行刺，但并未成功。秦始皇侥幸逃过一劫，后张良隐姓埋名，以避缉拿。

西汉初年,经济凋敝,皇帝出行很难配齐一辆四马同色的车,将军、丞相出行也只得乘坐牛车。白登之围是刘邦被匈奴围困于白登山的事件。经此一困,刘邦才认识到,汉廷正是因为缺少战马,才无力战胜匈奴。

〈 古今华夏第一帝王群(422)

东汉桓帝-刘志
我统治时期立乘的驷马高车和坐乘的驷马安车成为风尚,我还用驷马安车招揽贤才呢。

东汉和帝-刘肇
所以马不仅是代步工具,还代表了政治话语权和军事实力。👍

西晋武帝-司马炎
我后宫美女如云,为了雨露均沾,就让羊车替我决定吧。

西晋愍帝-司马邺
别提了,我就是坐着羊车投降的。

古今华夏第一帝王群(422)

西晋愍帝-司马邺

宝宝心里苦

南朝-宋武帝-刘裕

司马家真是一代不如一代。

东晋元帝-司马睿

何苦执着于马车和羊车呢?我觉得牛车也很安逸啊。

三国-蜀汉后主-刘禅

马、牛、羊各有优长,不如试试我家丞相设计的木牛流马。

东汉章帝-刘炟

你确定这能坐人?

东汉章帝-刘炟

离了个大谱

划重点

汉代高级贵族用车按乘坐者的姿势可分为驷马高车和驷马安车。前者是立乘,后者是坐乘。《后汉书》载,汉桓帝用布帛做礼物,用安车征聘韩康。此举体现了皇上给予名士的一种特殊礼遇。

司马炎后宫佳丽众多,他犯了选择困难症,后来决定坐在羊车里面,只要羊停在谁的住处,当晚就会留下临幸谁。

建兴四年(316年),西晋愍帝司马邺无力抵抗进攻长安的匈奴大军,便乘坐羊车,以示像羊一样温顺,任人宰割,出东门投降。

《晋书·舆服志》称:"古之贵者不乘牛车,汉武帝推恩之末,诸侯寡弱,贫者至乘牛车。……自灵、献以来,天子士遂以为常乘。"意为自古身份尊贵的人不坐牛车。西汉武帝颁布《推恩令》后,诸侯势力大为削弱,贫苦者才坐牛车。而自东汉灵帝、献帝以来,上到天子,下至读书人多乘牛车。魏晋时,乘牛车出行成为风尚。晋代皇帝出行多乘牛车,因为牛车"负重致远安而稳也"。

木牛流马是三国蜀汉丞相诸葛亮发明的运输工具,用于北伐曹魏时运送粮草。

东晋元帝司马睿对汉代皇帝乘马车的执念甚为不解,而刘禅力推的木牛流马更是让群成员一头雾水,于是东汉章帝刘炟发出了无数疑问。

古今华夏第一帝王群(422)

三国-吴末帝-孙皓
语出惊人,果然是扶不起的阿斗。

三国-蜀汉后主-刘禅
咱俩半斤八两。

三国-蜀汉后主-刘禅
[躺平]

西汉昭帝-刘弗陵
在我们大汉,牛车都是商人运货才使用的。身为九五之尊的皇帝,怎么可以乘牛车呢?

东晋元帝-司马睿
你们怕不是对牛有什么偏见!你可知道,正是牛耕与铁犁的结合为精耕细作创造了条件。

东晋元帝-司马睿
[给你一个眼神自己体会]

七 · 皇上驾到

古今华夏第一帝王群(422)

元世祖-忽必烈
牛是我们游牧民族最重要的生产力，我平日里都不舍得乘牛车。倒是大象又聪明，又有力，是出行的首选。

北朝-北魏文成帝-拓跋濬
我爷爷也喜乘牛车，坐上爱车大楼辇，回头率杠杠的。

唐太宗-李世民
马车和牛车太过寻常，若论高配，还得是步辇。

唐太宗-李世民

唐太宗-李世民
请大家欣赏唐朝画家阎立本的《步辇图》[1]。

1　图片来源：故宫博物院

139

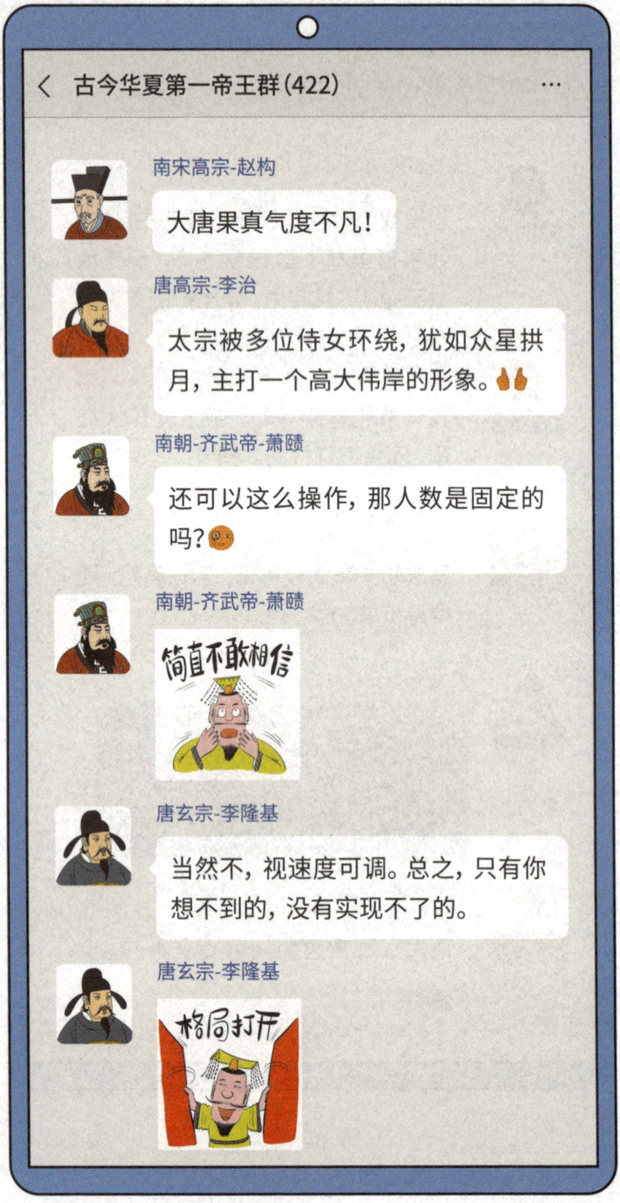

古今华夏第一帝王群(422)

南宋高宗-赵构
大唐果真气度不凡!

唐高宗-李治
太宗被多位侍女环绕,犹如众星拱月,主打一个高大伟岸的形象。👍👍

南朝-齐武帝-萧赜
还可以这么操作,那人数是固定的吗?

南朝-齐武帝-萧赜
[简直不敢相信]

唐玄宗-李隆基
当然不,视速度可调。总之,只有你想不到的,没有实现不了的。

唐玄宗-李隆基
[格局打开]

七·皇上驾到

古今华夏第一帝王群(422)

南朝-齐武帝-萧赜
我斥巨资设计的大辇,那叫一个流光溢彩,美轮美奂!

北宋英宗-赵曙
我们大宋皇帝出行的仪仗队才是气派绝伦。

清高宗-乾隆
毫不夸张地说,我南巡时乘坐的安福舻,近看就像一座巍峨雄伟的临河宫殿!

清高宗-乾隆
[又会儿睡]

清圣祖-康熙
弘历,你就这么祸害祖宗的基业。

清圣祖-康熙
[棺材板压不住了]

141

划重点

铁犁牛耕用诸农业,使得农业的生产过程和技术措施更为精细。尤其是铁犁牛耕将手工的间歇挖掘变为连续垦耕,省力而效率高。

马可·波罗就在游记中记录过皇帝的象队:一支皇家象队有近五千头大象。它们全部披着用金银线绣成的衣服,后面紧跟着骆驼队,列队前进,蔚为壮观。

《元史·本纪·顺帝》载:"盗牛马者劓……劓后再犯者死。"元朝统治者对盗牛者惩罚手段极其残忍,初犯割鼻子,再犯就要判处死刑,可见牛在游牧民族心中的分量。

《魏书·礼志四》载:"大楼辇:辀十二,加以玉饰,衡轮雕彩,与辇辂同,驾牛十二。"北魏皇帝拓跋焘乘坐的大楼辇,精雕细琢,驾十二头牛,引人注目。

唐朝画家阎立本的《步辇图》,描绘了贞观十五年(641年)唐太宗接见吐蕃王松赞干布的使者、相国禄东赞来长安和亲,议娶文成公主的场景。画中六宫女抬辇,三宫女在两旁撑扇、持华盖,各具姿态。

唐代设计出不同功能和速度的辇。两人抬的辇,方便随时起行;四人抬的辇,是为了穿梭皇宫;六人抬的辇,深受皇帝们喜欢,既稳又快;此外还有八人、十二人、二十人的辇。

七·皇上驾到

《隋书·礼仪志》载:"初,齐武帝造大小辇,并如轺车,但无轮毂。"意为齐武帝萧赜(zé)最初命人建造大、小辇时,形似四面无遮蔽且带有伞盖的马车,但没有车轮。大辇装饰华丽异常,小舆装饰亦颇华美。

皇帝出行时的车驾次第称为"卤簿",该称谓早在汉代就开始出现。至宋代,根据皇帝出行活动重要性的大小,分为大驾、法驾、小驾、黄麾仗四种。大驾卤簿等级最高,随行官员与护卫人数最多,仪仗和乐舞最为齐备,用于皇帝祭祀、籍田等,礼仪最为隆重。

乾隆皇帝下江南时乘坐的御舟叫安福舻,长近三十米,船舱顶棚悬挂龙帆、九龙旗,象征着至高无上的皇权。

乾隆本想分享一波乘坐豪华游船南巡的欢乐,哪知不仅被康熙指斥劳民伤财,还遭到刘彻和赵构的无情嘲讽。

古今华夏第一帝王群(422)

西汉武帝-刘彻
> 我造楼船是为国之安宁,弘历是为己之欢愉,好一个"勤政爱民"之君。🍪

西汉武帝-刘彻
> [干啥啥不行 要钱第一名]

古今华夏第一帝王群(422)

南宋高宗-赵构
所以,还是我大宋懂得藏富于民,将轿子这等舒服的出行工具推广到民间,让百姓们尝点甜头。

元惠宗-妥懽帖睦尔
怪不得你们积贫积弱,原来钱就是这么造没的。

明太祖-朱元璋
能骑马已经是天大的恩赐了,还想坐轿子?

明太祖-朱元璋
[简直不敢相信]

清世宗-雍正
牛马都是重要的生产工具,为了节省预算,我朝一贯提倡乘骡车。

清太祖-努尔哈赤
静以修身,俭以养德,这一直是我们爱新觉罗家族的优良传统。

七·皇上写到

古今华夏第一帝王群(422)

清太祖-努尔哈赤
[来吧 展示]

清文宗-咸丰
我刚审定的五辂、二辇、三舆,你们看如何?

"清穆宗-同治"拍了拍"清文宗-咸丰"

清穆宗-同治
爸爸,你发错群了吧。

"清文宗-咸丰"撤回了一条消息

明英宗-朱祁镇
爱新觉罗家族的高大形象即将毁于一旦……

明英宗-朱祁镇
[暗中观察]

145

划重点

《史记·平准书》中载:"汉武帝治楼船,高十余丈,旗帜加其上,甚壮。"汉武帝统治期间,楼船成为主力战舰,在平定南越等战争中,楼船都发挥了重要的作用。

南渡之后,宋高宗赵构以雨多街滑为由,允许朝臣乘轿子上朝,于是轿子得到了空前未有的发展。《朱子语类》载:"南渡以前,士大夫皆不甚用轿,如王荆公(安石)、伊川(程颐)皆云不以人代畜,朝士皆乘马。或有老病,朝廷赐令乘轿,犹力辞后受。自南渡后至今,则无人不乘轿矣。"靖康之乱前,读书人基本不坐轿子,像王安石、程颐都表示不应以人力代替畜力,朝臣也都骑马。对于年迈或患病的臣子,朝廷特许乘轿,而这些人经过多番推辞后才坐。南宋皇室南渡后,社会各阶层几乎都坐轿子。

朱元璋为避免天下承平后奢靡之风再起,规定文武大臣必须骑马,不许乘轿。

雍正和乾隆以后,统治者鼓励官员乘坐轻便价廉的代步工具,很多京官都改乘骡车。明清时的车多用一骡或二骡挽行,因此统称"骡车"。

清代皇帝们总结了以往代步工具的形式,制定了五辂、二辇、三舆。五辂,即马车,分为玉辂、金辂、象辂、木辂、革辂。二辇是玉辇和金辇。玉辇由三十六人抬,金辇由二十八人抬。三舆包括礼舆、步舆和轻步舆。礼舆由十六人抬,用于上朝,春季亲耕。

> 步舆与轻步舆由十六人抬，作用是在宫中穿梭。皇帝临幸后宫用步舆，其他时间用轻步舆。

一向沉默的光绪帝看到咸丰帝陷入了尴尬的境地，下意识地瞄了一下慈禧并不在群里，放心地吐槽起慈禧坐汽车闹出的笑话。

古今华夏第一帝王群(422)

清德宗-光绪
各位，有没有兴致听一个关于太后与汽车的故事。😏

清德宗-光绪
[暗中观察]

明神宗-朱翊钧
汽车是什么车，难道比我坐的轿子还要舒服？🤔

清高宗-乾隆
肯定是洋人发明的玩意儿，白送给我，我也不坐。🤣

七·皇上驾到

147

古今华夏第一帝王群(422)

清高宗-乾隆
[离了个大谱]

清德宗-光绪
我姨母坐的可是中国第一辆进口车，结果她的反应是：这个马儿如此之快，一定吃得很多吧？

清德宗-光绪
[简直不敢相信]

清逊帝-溥仪
老佛爷莫不是以为汽车是食草的？

清德宗-光绪
最可笑的是，因为司机在前，姨母觉得被冒犯到了，强令司机跪着开车，险些酿成大祸。

七·皇上驾到

古今华夏第一帝王群(422)

清德宗-光绪

清太宗-李世民
不要命了，居然敢以身试险。

清逊帝-溥仪
身在福中不知福，试驾豪车还吹毛求疵。

清德宗-光绪
还有呢，老佛爷一直以来极力排斥火车，但西逃回京时还是老老实实坐上了火车。

清德宗-光绪

清逊帝-溥仪
有时候身不由己啊！

149

古今华夏第一帝王群(422)

清逊帝-溥仪

给你一个眼神
自己体会

划重点

1901年，直隶总督袁世凯为讨好慈禧，花费1万两白银购进一辆第二代奔驰牌轿车作为慈禧六十大寿的贡礼，慈禧心中大喜。慈禧太后第一次乘坐汽车去颐和园游览，发现原来的马车夫孙富龄成了汽车司机，不仅坐着，还坐在自己前面，心中非常恼火，当即责令其跪着开车。司机只好跪着驾驶，但手不能代替脚踩油门和刹车。汽车左右摇摆，吓坏了当时的王公大臣，他们纷纷下跪乞求慈禧太后不要冒这个险。慈禧太后无奈地被人搀扶下车，中途又换上她的十六抬大轿。

光绪帝的母亲是慈禧太后的亲妹妹，因此慈禧太后是光绪帝的姨母。庚子国难后，慈禧太后和光绪帝坐着马车仓皇逃出北京，回銮时竟然坐着慈禧强烈反对的火车。

七 · 皇上驾到

历代皇帝的出行工具基本可分为四类：车、船、轿、马，统称"銮驾"。历代宫廷都设有专门执掌皇帝銮驾的机构，如唐朝的尚辇局，清朝的銮仪卫。历代皇帝的花样出行不仅与皇帝个人喜好、时代风气密切相关，也受到季节、场合、出行距离的影响。

八
都城始末

从古至今,西安、洛阳、南京、北京、开封等城市虽名称屡有变更,但在历代皇帝建都的选择项中却热度不减。皇帝们选址建都究竟出于哪些方面的考虑?迁都与陪都的背后又蕴含着哪些深意?

八 · 都城始末

古今华夏第一帝王群(422)

秦降王-子婴
设治建都,是新政权建立首要面对的难题。

秦始皇-嬴政
这有何难?我一统天下后,依照法天象地的思想,建造了象征天极的咸阳宫。所谓为政以德,譬如北辰,居其所而众星拱之。

秦始皇-嬴政
[又会儿腰]

秦二世-胡亥
爸爸雄心壮志,实在令人佩服!

西汉景帝-刘启
雄心壮志是真的,横征暴敛,大兴土木也是事实。

唐文宗-李昂
光一座阿房宫,就能容纳上万人。有钱人的世界我不懂。

153

古今华夏第一帝王群(422)

秦始皇-嬴政
我修阿房宫,是为了与咸阳宫形成对应的星相格局,如此格局对我开疆拓土大有裨益。

秦始皇-嬴政
[格局打开]

西汉高祖-刘邦
可惜项羽不仁,咸阳城尽毁,破坏了与我的约法三章。故而我在渭水以南重建长安,并以此为都。

西汉高祖-刘邦
[暗中观察]

秦降王-子婴
可恨项羽,不仅斩草除根,还要烧我宫室!

划重点

　　咸阳宫与阿房宫的修建仿照天空中的星相格局。咸阳宫象征天极，即北极星；阿房宫象征营室宿，即帝王之居。

　　据唐朝诗人杜牧的《阿房宫赋》载："燕、赵之收藏，韩、魏之经营，齐、楚之精英，几世几年，剽掠其人，倚叠如山。一旦不能有，输来其间。"意为燕、赵两国收藏的金银，韩、魏两国聚敛的珠玉，齐、楚两国珍藏的珍宝，是多年来各国从他们的子民手里搜刮来的，堆积如山。一旦六国破败，这些宝贝就会被运到阿房宫。阿房宫雄伟宏丽，秦始皇穷奢极欲，可见一斑。

　　唐文宗李昂所说意为秦修阿房宫占地三百多里，几乎用光了蜀山的树木才盖成，遮天蔽日。

　　据《史记·项羽本纪》载："项羽引兵西屠咸阳，杀秦降王子婴，烧秦宫室，火三月不灭。"意为项羽领兵西进咸阳，不仅杀害秦降王子婴，还焚毁宫殿，大火持续了很长时间。

　　刘邦领兵进入咸阳后，为赢得民心，与关中豪杰、百姓约法三章，包括处死杀人者，处罚伤人和盗取财物者。这三点约定既是刘邦对关中百姓的承诺，亦是对自身政治集团的约束。其内容注重保护人的生命权、财产权，不仅凝聚了社会向心力，对于稳定关中的形势发挥了重要作用，也为西汉初期的法制建设奠定了坚实的基础。

古今华夏第一帝王群(422)

唐高祖-李渊
长安长安，长治久安。我建立大唐后，为保国祚绵长，也以长安为都。

东汉献帝-刘协
我原在洛阳，后迁都长安，身不由己啊。

东汉献帝-刘协

北宋太宗-赵光义
你俩就别跟着凑热闹了，要想实现长治久安，并非一朝一夕之功。

元惠宗-妥懽帖睦尔
伤心秦汉经行处，宫阙万间都做了土。兴，百姓苦；亡，百姓苦。

隋炀帝-杨广
还是我有自知之明，将目光转移到了战略要地——洛阳。

古今华夏第一帝王群(422)

隋炀帝-杨广

北朝-北魏孝文帝-拓跋宏
洛阳既是兵家必争之地，亦是休养生息之地。

北朝-北魏孝文帝-拓跋宏
我苦心经营，总算说服了鲜卑王室从平城迁到洛阳。

三国-蜀汉昭烈帝-刘备
可惜啊，这么个风水宝地，终究没逃过国贼董卓的毒手！

三国-魏文帝-曹丕
瞻彼洛城郭，微子为哀伤。

东汉光武帝-刘秀
什么情况？

三国-魏明帝-曹叡
可叹昔日繁华的洛阳，今已物是人非。

古今华夏第一帝王群(422)

东汉光武帝-刘秀

扶墙吐血

划重点

西安，古称长安，秦朝、西汉、西魏、北周、隋、唐等十余个政权在此建都。隋唐时期，以匈奴、突厥、吐蕃诸族为代表的西北游牧民族不断南下袭扰中原王朝，促使统治者的国防偏重西北的军事防御。

晋阳起兵：隋大业十三年（617年），太原郡留守、唐国公李渊起兵反隋，攻占隋都大兴城（今陕西西安）。618年，李渊迫使隋恭帝禅位，建立唐朝，改大兴为长安。

汉献帝西迁之前，洛阳宫室富丽，宅第相连。为躲避袁绍等各路诸侯的讨伐，董卓胁迫汉献帝迁都长安，临走前焚毁宫殿、府库、民宅，造成洛阳周围二百里内尽成瓦砾。

元惠宗妥懽帖睦尔所引出自元代著名散曲家张养浩的《山坡羊·潼关怀古》。

峰峦如聚,波涛如怒,山河表里潼关路。望西都,意踟蹰。

伤心秦汉经行处,宫阙万间都做了土。兴,百姓苦;亡,百姓苦。

此曲意在表明,无论是秦始皇建造的奢华宫殿,还是曾经富丽堂皇的长安城,终究都会随着王朝的衰败而面目全非。王朝的兴衰背后,真正受苦受难的是老百姓。

洛阳地处中原,地理位置优越,交通便利,自然条件得天独厚。北宋学者、婉约派词人代表李清照的父亲李格非称:"洛阳处天下之中,挟崤渑之阻,当秦陇之襟喉,而燕赵之走集,盖四方必争之地也。"意为洛阳地处全国的中部,既有崤山、渑池的险阻,还是秦川、陇地的咽喉,更是燕、赵一带的交通要道,因此是天下英雄的必争之地。

中国历史上曾在今河南洛阳定都的政权有东汉、曹魏、西晋、北魏、隋、后梁等。

北魏孝文帝为加强对中原地区的统治,解决粮食的供给问题,推动鲜卑族的汉化,从平城(今山西大同)迁都至洛阳。

曹丕所吟之诗句出自曹操的《薤露行》,诗人慨叹东汉献帝被董卓挟持迁都长安,洛阳城被焚毁的惨状,就像当年微子(商纣王的哥哥)面对着殷墟,感叹物是人非那样。

东汉光武帝刘秀选择定都洛阳而非长安,出于三点考虑:其一，刘秀建立东汉之前，长安先后经历新莽王朝，刘玄率领的绿林军起义，多年战争致使长安城残破，人口锐减；其二，刘秀原为南阳世族地主，为了巩固政权，刘秀仍需依靠宛洛一带的势力站稳脚跟；其三，北方游牧民族匈奴虎视眈眈，而东汉根基初建，难以在长安进行军事部署。

当群成员在津津乐道洛阳为都的精妙时，东汉献帝刘协却意味深长地提到洛阳的创伤，热闹的氛围顿时发生了逆转。

古今华夏第一帝王群(422)

东汉献帝-刘协
说来话长……我是有心除贼，无力回天。

三国-魏明帝-曹叡
洛阳城之衰败萧条实锤，我叔叔曹植曾登上北邙山，远眺洛阳城，满目荒凉！

清高宗-乾隆
曹植确实才华横溢，诗作浑然天成，就是意境凄凉。

八 · 鄴城始末

古今华夏第一帝王群(422)

三国-魏明帝-曹叡
谁让我叔叔有个城府颇深的哥哥呢？能保命就已经是万幸。

三国-魏明帝-曹叡
我哪敢说话呀

西晋愍帝-司马邺
董卓犯上作乱还没消停多久，八王之乱、永嘉之乱接踵而至，洛阳再次陷入一片狼藉。

唐肃宗-李亨
同是天涯沦落人，安史之乱后，洛阳宫室，十不存一。

元世祖-忽必烈
依我看，最惨烈的莫过于宋、金对洛阳的极限拉扯。白骨露于野，千里无鸡鸣。悲壮的场面难以言喻。

三国-魏文帝-曹丕
没想到洛阳城居然也沦落至此。

161

古今华夏第一帝王群(422)

三国-魏文帝-曹丕
离了个大谱

北宋徽宗-赵佶
当时悔来归又恨，洛阳宫殿焚烧尽。

东晋元帝-司马睿
匈奴害得我无家可归，不得已率领王公大臣南迁建业，另起炉灶。

划重点

曹植最有名的《七步诗》：煮豆燃豆萁，豆在釜中泣。本是同根生，相煎何太急？《七步诗》的创作背景是哥哥曹丕嫉妒他的才华，令其七步内作诗，要求包含兄弟之意，而无兄弟二字，否则将其处死。曹植以煮豆为题材，作出此诗，表达兄弟相残的悲哀，最终曹丕自愧而将其放过。

唐朝安史之乱后，由于安史叛军与回纥兵的焚杀抢掠，帝都洛阳损毁惨重。宋、金多次对洛阳展开争夺，洛阳几易其手。绍兴十年（1140年），洛阳被金军攻陷，城内宫殿、民宅悉数被毁。

北宋徽宗赵佶所引出自王安石的《胡笳十八拍十八首》，诗人描述了洛阳被焚烧的悲惨情形，意在表达对国家命运的担忧。

西晋末年，统治集团内部相互倾轧，北方游牧民族趁势南下。匈奴首领刘曜包围洛阳后，认为天下未定，洛阳四面受敌，不便防守，于是纵火焚烧，雄伟壮观的洛阳转瞬化为一片废墟。

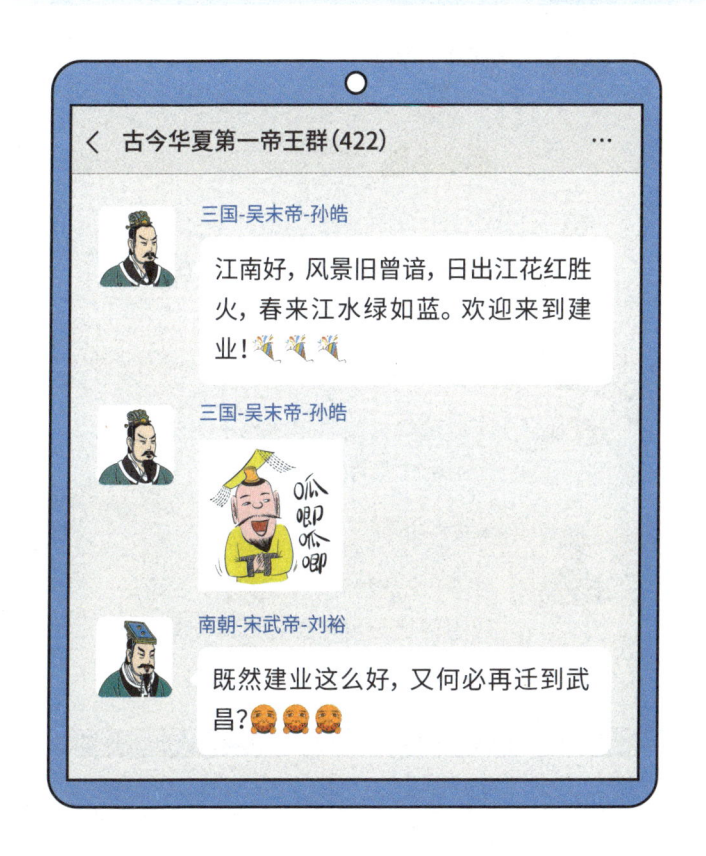

古今华夏第一帝王群(422)

三国-吴末帝-孙皓
江南好，风景旧曾谙，日出江花红胜火，春来江水绿如蓝。欢迎来到建业！

三国-吴末帝-孙皓

南朝-宋武帝-刘裕
既然建业这么好，又何必再迁到武昌？

古今华夏第一帝王群(422)

三国-吴末帝-孙皓
一切皆因形势需要。

西汉武帝-刘彻
@ 东晋元帝 - 司马睿 你南迁了,那北方归谁统治?

西汉武帝-刘彻
[简直不敢相信]

东晋元帝-司马睿
匈奴、鲜卑、羯、氐、羌,互相之间打得火热。

西汉末帝-刘婴
所以选择去南方定居也不错嘛,至少不用枕戈待旦了。

东晋元帝-司马睿
并不,士族势强,王室势微,我司马氏不得已与琅琊王氏御床同登,天下与共。

八·都城始末

> 古今华夏第一帝王群(422)

北宋哲宗-赵煦
这是胸怀，也是特色，就像我们大宋王朝与士大夫共治天下，群策群力，效率翻倍。

北宋哲宗-赵煦
[表情：又会儿腰]

元太祖-成吉思汗
不管怎么治，最后不都尽在我们蒙古帝国的掌握之中？说到底，还是势单力薄，寡不敌众。

划重点

　　南京地势险要，总汇东南之富，水陆交通便利。建安十六年（211年），孙权将治所迁至秣陵（今江苏南京）。建安十七年（212年），孙权修筑石头城，改秣陵为建业。

　　吴末帝孙皓所引出自唐代诗人白居易的《忆江南》，意在赞美

江南风光无限，此处用作孙皓身处江南的自豪之情，以及对司马睿的宽慰之语。

曹魏黄初二年（221年），孙权将统治中心移至鄂县，在此建都，取"以武而昌"之义，将鄂县改为武昌。西晋泰始元年（265年）九月，孙皓听信术士之言，意图借助荆州势力制约江东豪族，同时北防司马氏，仓皇迁都武昌（今湖北鄂州）。

西晋经八王之乱后，统治逐渐难以维持。北方游牧民族趁机发动叛乱，匈奴首领刘渊之子刘聪俘虏晋怀帝，西晋名存实亡。建兴四年（316年），匈奴将领刘曜出兵长安，晋愍帝投降，西晋灭亡。司马睿南迁，建立东晋，与统治北方的游牧民族建立的政权形成对峙。统治北方的游牧民族主要包括匈奴、鲜卑、羯、氐、羌。

北宋时期，为抑制武将势力，优待文官，形成士大夫与皇帝共治天下的统治局面。

成吉思汗：名铁木真，蒙古帝国的创始人。其孙忽必烈于至元八年（1271年）取《易经》"大哉乾元"之义，改国号为大元，建立元朝。因成吉思汗为蒙古西征，建立元朝奠定基础，故而忽必烈追尊其为元太祖。

东晋元帝司马睿倾诉着因北方战乱，不得已南下偏安，北宋哲宗连连安慰，成吉思汗却接连"补刀"。

八 · 都城始末

古今华夏第一帝王群(422)

北宋太祖-赵匡胤
这话我不乐意听,自打我建立大宋,定都开封,仍将洛阳作为陪都。

唐高宗-李治
和我想一块儿去了,我在位时,洛阳与长安两京并重。

明成祖-朱棣
靖难之役后,我下令兴修北京城,以南京为陪都,我也是实行两京。

宋仁宗-赵祯
两京算什么,我们北宋可是坐拥四京。

宋仁宗-赵祯
[暗中观察]

元太祖-成吉思汗
真是讽刺,坐拥四京是不假,军事实力也不见得有多强。

167

古今华夏第一帝王群(422)

明太祖-朱元璋
元朝军事实力再雄厚,最后不还是被我大明收服了。

唐肃宗-李亨
我们大唐可是有五京呢。

唐肃宗-李亨
[来啦来啦]

元世祖-忽必烈
当初我也是力排众议,从蒙古草原的上都,迁到大都(今北京)。

清世祖-顺治
支持楼上,我随大军一路南下,定鼎北京。

清太宗-皇太极
@清世祖-顺治 你们不会将盛京抛诸脑后了吧?

八 · 都城始末

古今华夏第一帝王群(422)

清世祖-顺治
爸爸,我虽入驻北京,但仍将盛京作为陪都。

清世祖-顺治
我哪敢说话呀

清圣祖-康熙
我在位时,将京城的中轴线定义为本初子午线。

清逊帝-溥仪
圣祖爷远见卓识!

清逊帝-溥仪
彩虹屁

三国-蜀汉后主-刘禅
京城再好,终不如安居成都,逍遥自在。

169

古今华夏第一帝王群(422)

三国-蜀汉后主-刘禅
躺平

西晋武帝-司马炎
恐怕这不是你的真心话吧,你不是乐不思蜀吗?

划重点

北宋有四个都城,分别是东京开封府、西京河南府(今河南洛阳)、南京应天府和北京大名府。东京开封府和西京河南府作为政治、经济中心互相平衡,南京应天府是赵匡胤的发迹之地,作为留都型的陪都,而北京大名府则是作为军事重心,应对逐渐崛起的辽政权。

唐高宗显庆二年(657年)颁布《建东都诏》,强调洛阳与长安在唐朝政治体系中同等重要的地位,将洛阳作为东都,与西都长安并列,实行两京制。唐肃宗至德二年(757年)置西京凤翔府,与南京成都府、中京京兆府、东京河南府、北京太原府并称五京。

八·都城始末

永乐十八年（1420年），明成祖朱棣宣布迁都北京。为减缓迁都阻力，表明自己遵循祖制，将南京设为陪都，并在南京设立了一套与北京相同的行政机构。

清太宗皇太极在盛京（今辽宁沈阳）称帝，改国号为大清。清世祖顺治即位，迁都京师（今北京），效仿明朝的两京制，改盛京沈阳为陪都。

中国历史上曾在北京定都的政权有元朝、明朝、清朝等。元世祖忽必烈即位后，将燕京定为首都，至元元年（1264年）改称中都路大兴府，至元九年（1272年）改称大都路。明太祖朱元璋收复大都路后，又改称北平府。明成祖朱棣升北平府为北京。清军入关后，迁都北京，亦称京师顺天府。

清康熙四十八年（1709年），清廷将贯通京城南北的中轴线确定为本初子午线，从天文和地理意义上重申了古代中国以自我为世界中心的理念，相较1884年国际经度会议确定英国格林尼治天文台的本初子午线早175年。

蜀汉灭亡后，刘禅移居魏国都城洛阳，曹魏朝廷封刘禅为安乐县公。司马昭设宴款待刘禅，并演奏蜀乐曲以助兴，勾起了蜀汉旧臣的亡国之痛，个个掩面拭泪。只有刘禅怡然自若，不为悲伤。司马昭于是询问刘禅："安乐公是否思念蜀地？"刘禅却说："此间乐，不思蜀也。""乐不思蜀"一词现也用于指代那些生活在舒适圈的人，安于现状，不思进取。

刘禅表示相比京城，他还是更愿意蜗居成都，引起了司马炎的质疑。

171

古今华夏第一帝王群(422)

唐玄宗-李隆基
于我而言,成都是个极好的避难之地。安史之乱后,我一度心力交瘁,南至成都休养。

明成祖-朱棣
长见识了,想不到唐明皇竟有如此逸事?

明成祖-朱棣
[吃瓜]

唐僖宗-李儇
其实,黄巢起义爆发后,迫于形势,我也不得已前往蜀地避避风头。

明成祖-朱棣
[离了个大谱]

八 · 都城始末

古今华夏第一帝王群(422)

明成祖-朱棣
@唐僖宗 - 李儇 一避就是四年,不知道的还以为你失踪了呢。

唐玄宗-李隆基
留得青山在,不怕没柴烧。

唐玄宗-李隆基

南宋高宗-赵构
深有同感,靖康之耻刻骨铭心。金人强师劲旅不依不饶,穷追猛赶,迫使我常年颠沛流离。

元惠宗-妥懽帖睦尔
还不是因为你任用奸佞秦桧,冤杀良将岳飞,一心只想求和。

明太祖-朱元璋
你俩半斤八两,一个偏听偏信,一个沉溺酒色。还蒙古铁骑呢,别的实力没见着,逃跑的速度倒是首屈一指。

173

古今华夏第一帝王群(422)

明太祖-朱元璋

清太宗-皇太极
崇祯倒是有骨气，但到头来不也成了末代皇帝！

明思宗-朱由检
我不发言也"中枪"。

明思宗-朱由检

划重点

　　唐玄宗早年励精图治，晚年却利令智昏，致使藩镇势力逐渐坐大。天宝十五年（756年），安史之乱的大火烧至长安，唐玄宗

仓皇出逃。广明元年（880年），黄巢起义军攻下洛阳，接着占领长安，唐僖宗李儇（xuān）慌忙南逃成都，整整躲了四年，史称僖宗幸蜀。

从靖康二年（1127年）到建炎四年（1130年），金国以"搜山检海捉赵构"为号，派兵追击南下的赵构，最终宋高宗赵构定都临安（今浙江杭州）。宋、金两国经过多年战争，于绍兴十一年（1141年）达成和议，形成南北对峙局面。

中国历史上曾在今浙江杭州定都的政权有五代十国的吴越、南宋。

绍兴十一年（1141年），宋高宗解除了岳飞、韩世忠等大将的兵权。因遭受秦桧等人的诬陷，岳飞被捕入狱。绍兴十二年（1142年），岳飞以"莫须有"的谋反罪名，死于狱中。

至正二十八年（1368年），朱元璋在应天府建立明朝，责令北伐。七月，元顺帝率太子、后妃、臣僚等逃离大都；八月，明朝军队从大都的齐化门攻城而入，元朝正式退出中原，回到蒙古草原。

中国历史上曾在江苏南京定都的政权有东吴、东晋、南朝（宋、齐、梁、陈）、明朝等。

崇祯十七年（1644年），李自成攻入北京。太监张殷劝崇祯帝投降，被一剑刺死。最后崇祯帝在景山自缢身亡。

175

对于古代都城的选择，历代帝王通常考虑到自然环境、战略位置、经济发展等诸多方面。出于政治安全的考虑，都城并非固定不变，也不仅只有一个，迁都的选择和陪都的设置体现了帝王因时制宜、因地制宜的统治理念。

九
帝王之侧

历来皇帝身边不乏三股势力：宦官、外戚、权臣。当君明国强时，这三股势力互相制衡，成为皇权的附庸；而当君弱国衰时，这三股势力则作威作福，不可一世。

古今华夏第一帝王群(422)

西汉惠帝-刘盈
母亲吕后势强,我就是一个毫无话语权的傀儡皇帝,宏图大志难以施展,可悲可叹!😭

西汉惠帝-刘盈
[宝宝心里苦]

西汉武帝-刘彻
怪不得司马迁《史记》中并无惠帝本纪。

西晋武帝-司马炎
项羽都有本纪,惠帝却没有?

东晋元帝-司马睿
还得是我火眼金睛,细致入微。惠帝虽无本纪,其史事却是附在《吕后本纪》中。

西汉惠帝-刘盈
三连扎心。💔

古今华夏第一帝王群(422)

西汉惠帝-刘盈
多损呐阿

唐中宗-李显
想开点儿，你妈是吕后，我妈是武后，一浪更比一浪强。

唐睿宗-李旦
楼上说得对

东汉和帝-刘肇
至少你们仨都成年了，我即位时才十岁。

清穆宗-同治
我母后慈禧精明强干，我不满五岁就被推上皇帝的宝座。

清德宗-光绪
表哥，你就偷着乐吧，得亏你走得早，要不还得继续受罪。

九 · 帝王之侧

> **古今华夏第一帝王群(422)**

清德宗-光绪

羡慕的眼神

东汉殇帝-刘隆

那我岂非更惨?还是个宝宝,就被邓太后拿捏。

东汉灵帝-刘宏

彼此彼此,我在位时也有窦太后临朝听政。那你们几个就没想着找个帮手?

划重点

西汉高祖十二年(公元前195年),刘邦驾崩,惠帝刘盈继承皇位。惠帝死后,吕雉仍以皇太后身份临朝称制,培植吕氏集团,掌控朝政达八年。

司马迁《史记》中本纪人物的选取,遵循的是实权,而非虚名。惠帝统治时期,实权由吕后掌控。项羽虽未称帝,但在秦末汉初之间，他实际上是楚国的掌权者，因此《史记》中有《项羽本纪》，而无惠帝本纪。

弘道元年（683年），唐高宗病逝。太子李显于柩前即位，武后被尊为皇太后。天授元年（690年），侍御史傅游艺率关中百姓九百人上表，请改国号为周，赐皇帝姓武。武后准所请，改大唐为大周，于神都洛阳登基即位。

慈禧太后在同治、光绪两朝临朝听政，成为当时中国实际上的最高统治者，掌权长达四十七年。

章和二年（88年），年仅十岁的东汉和帝继位。窦太后临朝称制，委任她的兄弟窦宪等把持朝政，掌握实权。东汉和帝死后，邓皇后因长子刘胜患有绝症，将刘隆迎回皇宫做皇帝。刘隆登基时才出生一百多天，是为百日皇帝，朝政由外戚邓骘把持。

历代年幼仁弱之君正吐槽着自己被外戚操控的心痛，东汉灵帝表示可以试试以权制权。

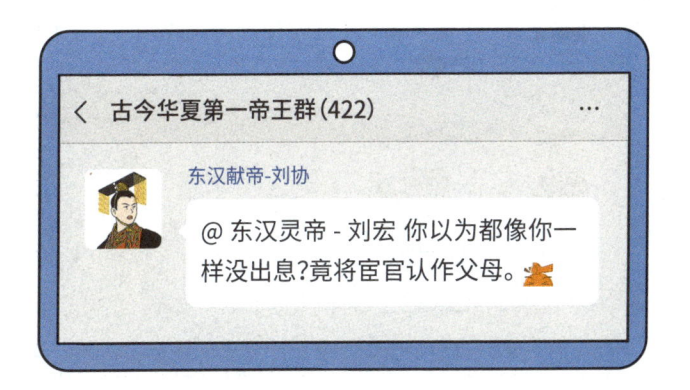

古今华夏第一帝王群(422)

东汉献帝-刘协

@ 东汉灵帝 - 刘宏 你以为都像你一样没出息?竟将宦官认作父母。

古今华夏第一帝王群(422)

东汉献帝-刘协

你可长点心吧

东汉灵帝-刘宏

刘志能封五侯，我为何不能立十常侍？

东汉桓帝-刘志

我也是有苦衷的。那外戚梁冀嚣张跋扈，下毒害死刘缵，还贪墨钱财，他的家财拍卖后价值三十多亿银钱，相当于我大汉半年的财政收入。

东汉光武帝-刘秀

这么说来，你扶持宦官倒是无可厚非？

东汉光武帝-刘秀

棺材板压不住了

古今华夏第一帝王群(422)

东汉顺帝-刘保
依我看，问题不在宦官，而在皇帝的个人能力。我当政时，朝局就很稳定。

东汉顺帝-刘保
又会儿腰

东汉少帝-刘辩
这"锅"我可不背，桓、灵二帝借助宦官卖官鬻爵，打压仁人志士，我接手时已然是个烂摊子。恐怕即便是高祖皇帝也难以力挽狂澜。

东汉献帝-刘协
生不逢时啊！

唐太宗-李世民
家风正则国风正，正是有东汉的前车之鉴，我即位后下令宦官不得任三品官职。

九 · 帝王之侧

183

古今华夏第一帝王群(422)

唐太宗-李世民
[这双眼看透太多了]

唐高宗-李治
我也一直严格贯彻执行。

唐肃宗-李亨
可惜好景不长,我爸在位时就坏了规矩。

唐玄宗-李隆基
怎么是我坏了规矩?高力士对我忠心耿耿,还多次助我平息皇室纠纷,时刻提醒我空谈误国,实干兴邦。

唐玄宗-李隆基
[格局打开]

唐代宗-李豫
爷爷没错,倒是安史之乱后,爸爸您真不该将军权交给李辅国。

划重点

　　东汉顺帝死后，冲帝、质帝先后即位，梁太后临朝称制，梁冀任大将军辅政。质帝被梁冀毒死，并另立桓帝，外戚的气焰达到极点。梁太后死后，桓帝纠合宦官单超、左悺、徐璜、具瑗、唐衡等发动政变，收捕梁氏外戚，梁冀被迫自杀。五名宦官同日封侯，即"五侯"。"十常侍"泛指东汉灵帝时期操纵朝政的张让、赵忠等十二位宦官。据《后汉书》载，灵帝曾说："张常侍是我公，赵常侍是我母。"

　　东汉顺帝登基后，孙程等19名拥戴汉顺帝的宦官被封侯赐爵，史称"十九侯"。尽管汉顺帝的皇位是靠宦官得来，但汉顺帝在位期间依旧掌控实权。东汉少帝即位时，东汉政权已经名存实亡。

　　延熹九年（166年），以李膺为首的反宦官斗争引起了宦官集团的嫉恨。宦官派人诬告李膺与太学生及郡国生徒朋比为奸，汉桓帝遂诏令全国，逮捕党人。次年，又将党人赦归田里，禁锢终身。熹平五年（176年），汉灵帝在宦官挟持下，下令凡是党人的门生、故吏、父子、兄弟及五服以内的亲属，一律免官禁锢，持续了十几年。黄巾之乱后，汉廷宣布赦免党人，起用他们镇压农民军。

　　唐高宗与武则天当政期间，宦官仅承担"阁门守御""内庭洒扫"的职能。开元末年，高力士甚至有权先审阅大臣们送来的奏章，再呈给唐玄宗裁决。玄宗说过"力士当上，我寝则稳"，表示对高力士信任十足。唐肃宗即位后，宦官李辅国被加封为元帅府行军司马，开始掌握兵权。

古今华夏第一帝王群(422)

唐德宗-李适
> 我也有责任,一时心软,原本从宦官手中收回了兵权,后来又交给了宦官。

唐文宗-李昂
> 您一时心软,贻害不浅。甘露之变,我差一点就要成功了。

东汉安帝-刘祜
> 别痴心妄想了。我在位期间,外戚掌兵,宦官掌政,我简直毫无立足之地。

东汉安帝-刘祜
> 感觉身体被掏空

宋太祖-赵匡胤
> 所以对宦官还是要严防死守。

明太祖-朱元璋
> 赞同,一开始就要立好规矩。

九 · 帝王之侧

古今华夏第一帝王群(422)

明英宗-朱祁镇
规矩由人定,自可由人废。

明代宗-朱祁钰
哥,你就任由王振兴风作浪吧,看来是在瓦剌还没待够。

明代宗-朱祁钰
[光速消失]

三国-蜀汉昭烈帝-刘备
亲贤臣,远小人,此先汉所以兴隆也;亲小人,远贤臣,此后汉所以倾颓也。🙏

西晋武帝-司马炎
刘皇叔,别假仁假义了,先管好你儿子。

三国-蜀汉昭烈帝-刘备
@ 蜀汉后主 - 刘禅 你是不是没有好好听丞相的话?

187

> 古今华夏第一帝王群(422)
>
> 三国-蜀汉昭烈帝-刘备
>
> 棺材板压不住了

划重点

建中四年（783年），泾州、原州地方士兵叛变，攻陷首都长安。唐德宗仓皇出逃至奉天（今辽宁沈阳），护驾只有宦官霍仙鸣及窦文场。自此，唐德宗委任宦官掌管禁军，并且成为定制。

甘露之变：大和九年（835年），唐文宗有意派禁卫军首领仇士良等宦官前往左金吾仗院内石榴树查验甘露，实际在院内暗藏甲兵。结果被仇士良等人发觉，文宗被挟持，数以千计的大臣被宦官迫害。

赵翼《廿二史札记》载："唐宦官之权反在人主之上，立君，弑君，废君，有同儿戏，实古来未有之变也。推原祸始，总由于使之掌禁兵、管枢密。"意为唐代自甘露之变后，君主的废立、生杀掌握在宦官手中，原因主要在于唐代宦官掌握了军权。

《后汉书·孝安帝纪》载:"本志以为安帝不明、宫人与王圣专权之应也。"意为东汉安帝当政期间,宦官、外戚等势力共同乱政。

宋太祖禁止宦官干预政事,规定其到一定年资必须转出外任。

明太祖严禁宦官干政,曾于宫门内立碑云"内臣不得干预政事,预者斩"。明英宗正统七年(1442年),王振毁去朱元璋禁宦官干政的铁牌。正统十四年(1449年),明英宗不顾群臣反对,偕同宦官王振率军五十余万御驾亲征,结果惨败,被瓦剌军俘虏。

刘备所言出自诸葛亮的《出师表》,意在表达亲近贤臣,疏远小人对王朝兴盛的重要作用。

刘备对东汉后期外戚、宦官专权感慨万千,司马炎认为刘备装模作样,提醒他不如先管好自己的家事。

古今华夏第一帝王群(422)

三国-蜀汉昭烈帝-刘备
你何时清醒过?可叹我匡扶汉室的大业,终成一场空。

秦始皇-嬴政
此类事件,我大秦肯定不存在。

西汉武帝-刘彻
迷之自信,那你儿胡亥为何会被赵高耍得团团转呢?

唐宪宗-李纯
指鹿为马,耸人听闻。

唐宪宗-李纯
我哪敢说话呀

清太宗-皇太极
秦皇汉武,选人眼光都差一点。尤其是刘彻临终前指定的辅政大臣霍光,权势熏天,威震朝野。

古今华夏第一帝王群(422)

北宋神宗-赵顼
一个人逐渐发展成一帮人,唐朝的牛李党争,前后持续了近四十年。

元世祖-忽必烈
可别说别人了,北宋的新旧党争也持续了五十年。

元世祖-忽必烈
[光速消失]

隋文帝-杨坚
至少这些党争没有颠覆政权,北魏将领宇文泰和丞相高欢野心勃勃,生生将北魏分成了西魏和东魏。此等乱臣贼子,人人得而诛之。

北朝-北周静帝-宇文阐
杨丞相,您原先不也对北周忠心耿耿,后来却逼我禅位,与他们又有何不同?

九 · 帝王之侧

古今华夏第一帝王群(422)

北朝-北周静帝-宇文阐

划重点

蜀汉时，刘禅宠信宦官黄皓。魏国将领邓艾、钟会进攻蜀汉，姜维向朝廷发出警告并提出防守战略，但因黄皓迷信鬼神，求神问卜之后认为魏国不会入侵，故姜维的奏章被压下来。而后，邓艾兵临城都下，刘禅只得投降。

赵高虽出身低微，但秦始皇听说他精通刑法，破格任用他为中车府府令。赵高负责侍奉公子胡亥，教他决断讼案，而后又倚仗即位后的胡亥宠信，恣意擅权，陷害忠良，加速了秦朝灭亡的进程。据《史记·秦始皇本纪》载：秦丞相赵高欲篡位，怕群臣不服，便设法试探。赵高将一只鹿献给秦王二世，说是马。二世问群臣，有人不说话，有人说是马，有人说是鹿。结果，说鹿的人都被暗害。后以指鹿为马比喻故意颠倒是非，混淆黑白。

霍光是西汉著名将领霍去病同父异母的弟弟，历经汉武帝、汉昭帝、汉废帝、汉宣帝四朝。汉昭帝对霍光委以重任，使其独揽大权。汉昭帝死后，霍光迎立汉武帝之孙昌邑王刘贺为帝，但不久后因刘贺荒废政务将其废除（史称汉废帝，后被汉宣帝册封为海昏侯）。汉宣帝即位后，霍光表示要还政于帝，汉宣帝没有接受。汉宣帝按例拜谒高庙，霍光陪乘。《汉书》记载了汉宣帝的感受："上内严惮之，若有芒刺在背。"意为汉宣帝内心对霍光非常忌惮，感到害怕与不安。

牛李党争是唐朝末年士大夫争权的现象。以牛僧孺为首的牛党代表庶族势力，以李德裕为首的李党代表士族势力，两派官员互相倾轧。党争从唐宪宗时期开始，到唐宣宗时期才结束，持续将近四十年。

北宋神宗熙宁二年（1069年），围绕王安石变法引发党争，初因政见不同而起，后演变成排除异己的夺权之争，持续五十余年，加速了北宋灭亡的进程。

宇文泰毒杀元修，拥立元宝炬为帝，建立西魏；高欢拥立元善见为帝，建立东魏。

大象三年（581年），北周相国杨坚以顺应人心为名逼迫北周静帝宇文阐让出皇位，于是北周静帝下诏禅让，移居其他宫殿。

隋文帝杨坚对权臣宇文泰和高欢表示不满，而北周静帝宇文阐提醒杨坚说别人之前，先照照镜子，别忘了自己就是个权臣。

古今华夏第一帝王群(422)

隋文帝-杨坚
我不过是为了天下苍生,早点结束纷争罢了。

唐高祖-李渊
谋权篡位还能说得如此理直气壮,真是旷古未闻。

隋文帝-杨坚
好外甥,咱们都是一家人,有什么话不能好好说。

隋文帝-杨坚
[给你一个眼神自己体会]

唐太宗-李世民
亲兄弟还明算账呢,更何况是表亲?

清世宗-雍正
逼父弑兄,和你成为兄弟,下场也太惨了!

九·帝王之侧

古今华夏第一帝王群(422)

南宋宁宗-赵扩
你俩半斤八两,谁也别笑话谁了。

南宋理宗-赵昀
天意弄人,我本无心皇位,被权臣史弥远拥立。无论我付出多少努力,都只能是一个在史氏势力背后的小透明。

南宋理宗-赵昀
[暗中观察]

明神宗-朱翊钧
我又何尝不是?天下人恐怕只知张居正推行一条鞭法,何曾了解我的倾心委任?

明神宗-朱翊钧
[宝宝心里苦]

> 古今华夏第一帝王群(422)
>
> **北朝-北周静帝-宇文阐**
> 你就知足吧,从事咱们这个高危职业,能好好活着就是最幸福的事了。

划重点

自西晋永嘉之乱以来,中原和江南地区政权分裂长达两百余年。隋文帝平定叛乱,统一南北,开启隋唐盛世。

李渊的母亲为隋文帝独孤皇后的姐姐,因此李渊是隋文帝的外甥。义宁二年(618年),在李渊的强逼之下,隋恭帝杨侑为李渊加九锡。锡通赐,加九锡意为加九赐,是中国古代皇帝授予臣子的九种最高赏赐,代表特权与荣耀,是最高礼遇的体现。

唐武德九年(626年),秦王李世民在长安玄武门附近率众杀害自己的哥哥李建成(时为太子),迫使李渊立自己为储君,并掌握京师兵权,史称玄武门之变。

史弥远在南宋宁宗嘉定元年(1208年)成为丞相,掌握实权。后因立宋理宗之功,更加有恃无恐,至去世前,史弥远一直掌握南宋实权。史弥远死后，宋理宗得以亲政，但其侄史嵩之仍居高位。史浩、史弥远、史嵩之祖孙三代皆拜相，史弥远的政治地位尤其突出，使宋理宗的光芒被湮没，有"渊默十年无为"之说。

在明神宗朱翊（yì）钧及李太后的全力支持下，张居正大刀阔斧地推行了一条鞭法等改革措施，清丈土地，整饬军备，考核官吏，使得政治清明，国库充盈。张居正晚年威权赫奕，连皇帝都有所忌惮。其父病逝，张居正奉旨归葬，坐着三十二人抬的豪华大轿，吃饭时菜肴更是品类过百。

宇文护在西魏末年和北周前期权倾天下，位极人臣。当政期间杀死西魏恭帝拓跋廓、北周孝闵帝宇文觉、北周明帝宇文毓三位皇帝。

外戚、宦官、权臣，作为皇帝身边最常见的三大势力，时而是稳定政权和社会的重要力量，时而又会成为引发社会动荡的重要因素。这三股势力在争权夺利的过程中，与最高统治者一起左右着国家政权与历史的演进历程。

龙言龙语

又是一年龙年到,东汉光武帝刘秀提议,作为真龙天子的化身,谈吐之间自然要捎带点儿龙的特色,以显示皇帝的威严与尊荣。

十 · 龙言龙语

古今华夏第一帝王群(422)

东汉光武帝-刘秀
作为中国历史上第一位属龙的皇帝,有幸与各位相识相知,朕心甚慰。

东汉光武帝-刘秀
[又会儿腰]

秦始皇-嬴政
刘秀,你属实僭越了。若论资排辈,我可是号称祖龙。

秦始皇-嬴政
[你可长点心吧]

西汉高祖-刘邦
自号无凭无据,我还说我妈在生我之前,蛟龙缠身呢。

西汉惠帝-刘盈
就是就是。

199

古今华夏第一帝王群(422)

秦始皇-嬴政
你再编,这种无稽之谈我也能编出一箩筐。

秦始皇-嬴政
你可长点心吧

西汉文帝-刘恒
爸爸生来龙眉凤目,足证真龙天子的基因是刻在骨子里的。

西汉高祖-刘邦
关键时刻,还是得自家人出手。

清太宗-皇太极
@ 东汉光武帝 - 刘秀 要这么算的话,我是距今最近的属龙的皇帝。

清太宗-皇太极
咿呀咿呀

十 · 龙言龙语

> 古今华夏第一帝王群(422)
>
> 隋恭帝-杨侑
> 所以真正的龙究竟长什么样子呢？

划重点

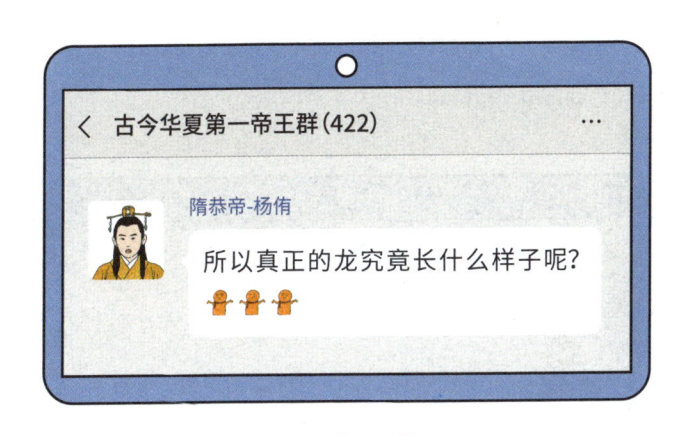

汉哀帝建平元年（公元前6年），刘秀在陈留郡济阳县出生。刘秀出生时，有赤光照耀整个房间，当年稻禾一茎九穗，故得名秀。

据《史记·高祖本纪》载："高祖为人，隆准而龙颜。"意为汉高祖刘邦鼻子高挺，眉骨圆起，是帝王之相。沛县吕公因刘邦相貌非凡，主动将女儿吕雉许配给时为亭长的刘邦。

《史记·高祖本纪》还记录了刘邦的身世：其母亲刘媪（ǎo）曾在大泽岸边休息，梦境中与神相遇。霎时间，电闪雷鸣，天色昏暗。刘邦的父亲去找刘媪，看见一条蛟龙盘在她身上，不久刘媪就有了身孕，生下汉高祖刘邦。

明神宗万历二十年（1592年），皇太极降生，为努尔哈赤第八子。天命十一年（1626年），努尔哈赤病死，皇太极继承汗位。天聪十年（1636年），皇太极定国号为大清，改元崇德。

201

群里突然安静了,因为群成员都没见过真正的龙。此时,学识渊博的康熙帝一句话就打破了寂静。

古今华夏第一帝王群(422)

清圣祖-康熙
据我所知,龙作为神圣的灵兽,集各种本领于一身。各位自行想象啊。

北宋徽宗-赵佶
我总算找到证据了。祖龙浮海不成桥,汉武寻阳空射蛟。后人都承认了,这下可以认定始皇帝是祖龙了吧。

西汉景帝-刘启
祖龙又如何,不修仁政,民心尽失,最终不还是落得个龙驭上宾的下场。

西汉景帝-刘启
一整个大无语

秦始皇-嬴政
龙驭上宾也是被你们气的。

十 · 龙言龙语

古今华夏第一帝王群(422)

秦二世-胡亥
爸爸，保重龙体啊。

秦降王-子婴
龙颜大怒最伤身，快吃颗火龙果消消气。

秦降王-子婴
[彩虹屁]

西汉武帝-刘彻
吃什么火龙果，龙眼多好吃啊。

隋文帝-杨坚
你刚说什么，吃龙……眼？你这口味还挺特别。

元世祖-忽必烈
[我哪敢说话呀]

203

聊天群

古今华夏第一帝王群(422)

明成祖-朱棣：给你一个眼神自己体会

唐武宗-李炎：你可长点心吧

划重点

宋人罗愿在《尔雅翼》中称，龙的"角似鹿、头似驼、眼似兔、项似蛇、腹似蜃、鳞似鱼、爪似鹰、掌似虎、耳似牛"。因此，龙是古代部落将各自图腾取一部分整合而成的一个新图腾。《说文解字》载："龙，鳞虫之长，能幽能明，能细能巨，能短能长，春分而登天，秋分而潜渊。"据此可知龙善于变化、兴风致雨的本领。

北宋徽宗赵佶所引出自唐代李白的《永王东巡歌十一首》，意为秦始皇想浮海却造桥不成，汉武帝在寻阳射蛟也是空忙一场。

诗中典故"祖龙浮海"意为，传说秦始皇想在海中造石桥，海神为之立柱，始皇求与相见。海神说自己相貌丑陋，不允许为其画像，才可以相见。始皇帝答应下来，但见到海神后，工人却悄悄画下海神的模样。海神怒斥始皇帝违背了约定，让他回去。

龙驭上宾是皇帝之死的讳饰语，意为乘龙升天，为天帝之宾。

据《中国植物志》记载，顺治二年（1645年）在中国台湾地区引种火龙果，但在引种初期，果品存在品质差、产量低、果形小等缺点。

汉武帝刘彻尝到了荔枝、龙眼的滋味后，颇为赞赏，便下令从广东交趾移来荔枝、龙眼树一百株，还专门在长安城外修建了一座富丽堂皇的扶荔宫以备种植。可惜这些荔枝、龙眼树因气候、土质不宜，无一生长。武帝大怒，诛杀了数十名守吏。从西汉武帝至东汉安帝的两百多年间，宫中要求岭南地方官每年按例进贡龙眼和荔枝。

关于龙眼的来源，还有一则传说。有条恶龙危害百姓，有位少年名叫桂圆，与恶龙展开搏斗。最终少年和恶龙同归于尽，于是乡亲们将龙眼和桂圆埋在一起，次年长出大树，形似龙眼，乡亲们把这棵树的果实称为桂圆，也称龙眼。

秦始皇因刘邦、刘秀对他祖龙称号的质疑感到怒火中烧，多亏游手好闲的北宋徽宗赵佶及时找到了证据，这才解了围。

古今华夏第一帝王群(422)

北宋徽宗-赵佶
或者欣赏一下我翩若惊鸿、婉若游龙的墨宝——《欲借风霜二诗帖》[1]，包治百病！

北宋徽宗-赵佶

清高宗-乾隆
赵哥荐宝，自荐自夸。不过你这功效未免太离谱了。

清圣祖-康熙
赵佶的墨宝我也欣赏不来，我还是更偏爱笔走龙蛇的书法。

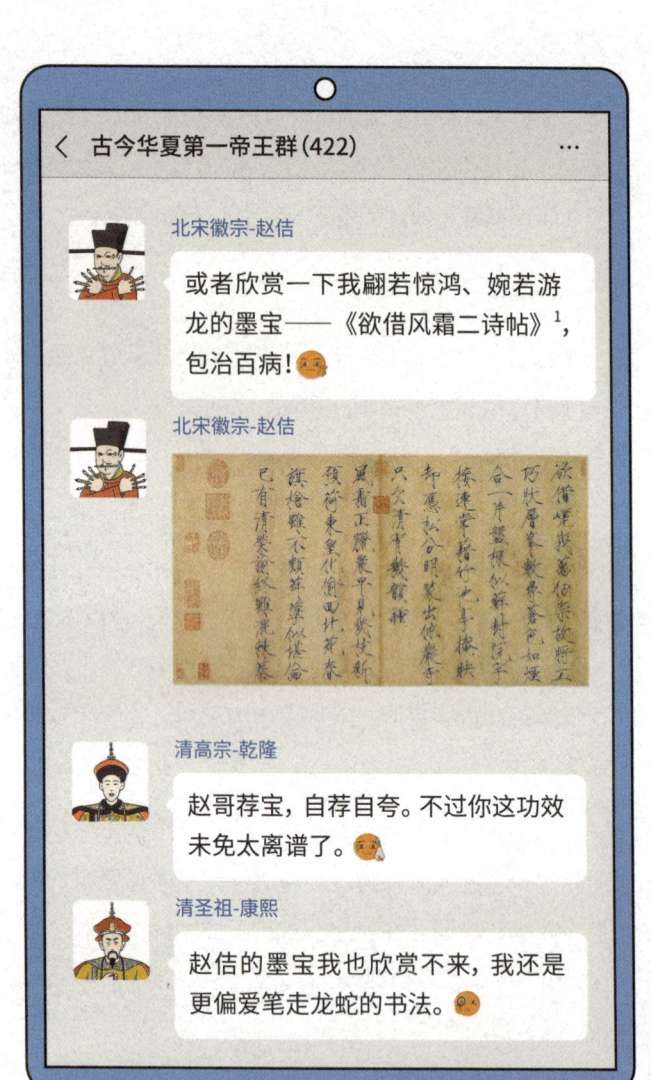

1　图片来源：国立（中国台湾）故宫博物院

十·龙言龙语

古今华夏第一帝王群(422)

北宋徽宗-赵佶

北宋徽宗-赵佶
主打一个风格切换自如——《千字文》(草书)[1]。

北宋徽宗-赵佶

南朝-梁武帝-萧衍
咱们群里可真是藏龙卧虎,长见识了。👍👍

1 图片来源:辽宁省博物馆

207

古今华夏第一帝王群(422)

西晋惠帝-司马衷
传说龙生九子,各有所长,这么看练字也是一长喽。

明孝宗-朱祐樘
真被你说中了,龙的第八子负屃,最喜欢舞文弄墨。

明孝宗-朱祐樘
有什么问题吗

划重点

曹植的《洛神赋》有"翩若惊鸿,婉若游龙",原是形容美女体态轻盈,身姿柔美,也用于赞叹书圣王羲之的书法飘逸灵动。"笔走龙蛇"意为书法遒劲有力、笔势雄健。

治国平平的北宋徽宗不仅自创瘦金体,在小、中、大楷及行书、草书等方面都有很高的造诣。

明朝李东阳《怀麓堂集》载:"龙生九子不成龙,各有所好。"龙的九子分别是:老大囚牛,喜好音乐,常在琴头上出现,象征音乐与宁静;老二睚眦(yá zì),性格刚烈,善勇好斗,多出现在兵器上;老三嘲风,象征着吉祥和威严,能驱邪避灾;老四蒲牢,喜欢鸣叫,寓意警示;老五狻猊(suān ní),雕刻在香炉上,象征威武和宁静;老六赑屃(bì xì),擅长负重;老七狴犴(bì àn),雕刻在监狱门口,代表法律或公正;老八负屃(fù xì),喜好文章,象征传承文化;老九螭吻(chī wěn),多见于房顶装饰。

听着西晋惠帝司马衷和明孝宗朱祐樘谈及龙之九子,乾隆帝的脑海里第一时间浮现出他老爸的"光辉事迹"。他本是无心吐槽,却引起了群里的轩然大波。

古今华夏第一帝王群(422)

清高宗·乾隆
依我看,龙生九子,九子夺嫡,险象环生!

清世宗·雍正
建议你谨言慎行。若非为父我经历九子夺嫡的血雨腥风,创立秘密立储制,你如何能成为真龙天子?

古今华夏第一帝王群(422)

清世宗-雍正

[棺材板压不住了]

清高宗-乾隆

> 最终天命有所归,溪中蟠龙向天飞。

唐中宗-李显

> 爱拼才会赢,我联合李旦发动神龙政变,使我大唐重见天日。

唐睿宗-李旦

> 哥,咱俩总算能喘口气,再不用被母后压着了。我感觉我又是那个生龙活虎的李旦了。

北朝-北魏孝文帝-拓跋宏

> 自古王朝盛衰终始,黄龙见谯。

北朝-北魏孝文帝-拓跋宏

[格局打开]

210

十·龙言龙语

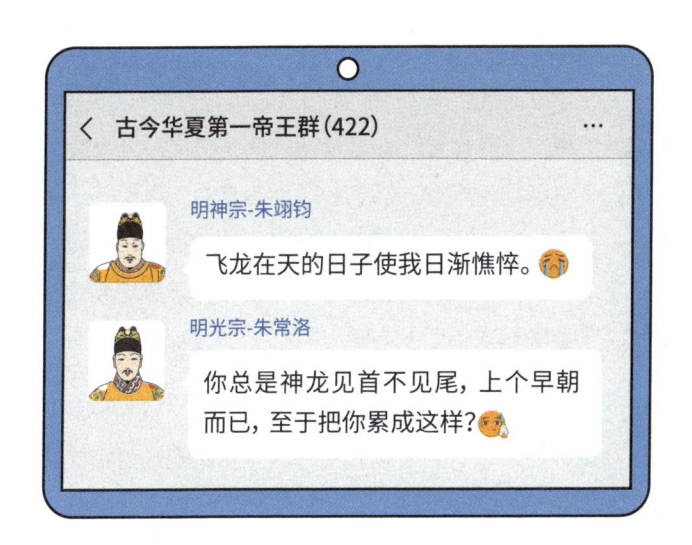

古今华夏第一帝王群 (422)

明神宗-朱翊钧
飞龙在天的日子使我日渐憔悴。

明光宗-朱常洛
你总是神龙见首不见尾，上个早朝而已，至于把你累成这样？

划重点

九子夺嫡是指清朝康熙皇帝的儿子们争夺皇位的历史事件。雍正帝经九子夺嫡风波后，创制秘密立储制，即在任皇帝将储君人选封入密匣内，放在北京乾清宫正殿正大光明匾额后。至在任皇帝驾崩时，王侯宗室、顾命大臣等人揭匣公证，拥立敕书所定储君为帝。

乾隆帝所说典故是指，荆州水师将领蔡瑁追杀刘备于盘龙溪，刘备所骑的（dì）卢马身陷溪中，危急关头，的卢马一跃而起到达对岸，意为刘备民心所向，命不该绝。"的卢马"是古代十大名马之一，辛弃疾就曾在《破阵子·为陈同甫赋壮词以寄之》中用"马作的卢飞快，弓如霹雳弦惊"来描述其奔跑速度极快。

神龙政变：神龙元年（705年），太子李显、相王李旦联合朝臣等发动兵变，逼迫武则天内禅皇位给李显。武周政权灭亡，唐

211

朝复兴。

黄龙见谯：东汉末年，沛国谯地有黄龙出现，光禄大夫桥玄询问太史令单飏是何祥瑞？单飏说："你等着看，不出五十年，谯地将有帝王出现。"果然，生于沛国谯县的曹丕在其父曹操死后，于黄初元年（220年）迫使东汉献帝刘协禅位，建立曹魏政权。黄龙见谯成为曹魏代汉的舆论准备，后也用于代指改朝换代。

飞龙在天意为皇帝在位。神龙见首不见尾，比喻人捉摸不定，在此讽喻明神宗朱翊钧总是以腰痛脚软、步履艰难为由推脱不上早朝。

明穆宗朱载垕（jì）对儿子朱翊钧身体欠佳，多日未能理政表示关心，朱翊钧支支吾吾，才说出真正的原因。

〈 古今华夏第一帝王群(422)　　…

明穆宗-朱载垕
翊钧，听说你龙体欠安，多日未愈，到底是哪里有问题？

明神宗-朱翊钧
父亲，有问题的不是我，是……这把龙椅，硬邦邦、冷冰冰的。

十 · 龙言龙语

古今华夏第一帝王群(422)

西晋武帝-司马炎
多少人梦寐以求的龙椅，你居然还吹毛求疵。

西晋武帝-司马炎
[表情：离了个大谱]

明太祖-朱元璋
穿龙袍，坐龙椅，身为皇帝，获得无尽尊荣的同时，也必须付出一点点代价。

明神宗-朱翊钧
你确定是一点点？这龙袍也不透气啊，我忍很久了。

清德宗-光绪
重要的是好看，又不是实用。请欣赏《明黄缎缉米珠绣彩云金龙纹龙袍》（局部）[1]。

1　图片来源：故宫博物院

213

古今华夏第一帝王群(422)

清德宗-光绪

清高宗-乾隆

> 有点暗沉,来看看我这件龙袍——《黄纱绣彩云金龙单袍》(局部)[1]。

清高宗-乾隆

---

1 图片来源:故宫博物院

古今华夏第一帝王群(422)

东汉明帝-刘庄
作为权力和地位的象征,平民百姓可不能随便使用龙纹,若被皇帝知道了,后果很严重!

唐玄宗-李隆基
倘若是皇帝御赐的龙袍呢?

清圣祖-康熙
御赐之物,就需要挑去一爪或两爪,以示区分。

清圣祖-康熙
[又会儿腰]

南宋高宗-赵构
如此小心翼翼,当真是潜龙勿用,潜龙勿用。

清高宗-乾隆
是谁在说我呢?

十 · 龙言龙语

划重点

象征皇权的龙椅宝座又大又庄严，臣子仰望如山，但皇帝需坐姿端正，以示威严，其实坐上去的感觉就像冷板凳。

东汉明帝永平二年（59年）规定：只有皇帝、三公和诸侯才能使用龙纹，九卿以下的官员和老百姓不能使用。开元二年（714年），唐玄宗禁止非皇室人士在丝织品中使用龙纹，龙纹成为皇室专用的图案。

龙作为服饰的纹样，早在先秦时期便已出现，当时龙的形象类似于爬行的虫类动物，没有肢爪。秦汉时期，龙则是与猛虎相近的兽形，常作行走状，长出了肢爪，但还没有鳞甲。唐宋时期，龙的形象开始向蛇和马靠拢，蛇形的龙常与云雨交织，给人一种变化无常、虚无缥缈的感觉。元代不准常人穿着带有龙凤图案的服装，禁止市街店铺织造、出售有龙凤图案的布匹。明代禁止民间使用龙纹。清朝规定：五爪龙为皇家专用，大臣为四爪龙，民间为三爪龙。

潜龙勿用隐喻事物在发展之初，虽然势头较好，但比较弱小，所以应该小心谨慎，不可轻举妄动。

南宋高宗赵构连说两个潜龙勿用，让清高宗乾隆以为是自己展示的龙袍有什么问题，结果发现是个乌龙。

十 · 龙言龙语

古今华夏第一帝王群(422)

南宋高宗-赵构
误会误会,谐音梗。我是想说龙袍的细微之处暗藏玄机!

清高宗-乾隆
有眼光!不愧是赵宋王朝的龙嗣。👍👍

清圣祖-康熙
就拿颜色来说,龙袍并非都是黄色,还有黑色、红色……

南朝-陈后主-陈叔宝
(羡慕的眼神)

秦始皇-嬴政
你观察得真细致,连我这点儿小心思都被看出来了。

东汉光武帝-刘秀
我在位时,将龙袍颜色定为红色,也是运用了五德终始说的原理。👍👍

217

古今华夏第一帝王群(422)

隋文帝-杨坚
丰富的颜色，搭配上精致的龙纹，走起路来，简直是美轮美奂，龙行龘龘！

隋文帝-杨坚

明神宗-朱翊钧
美则美矣，我还是更注重实用。这龙袍给我穿得，身体每况愈下。

明神宗-朱翊钧

清太祖-努尔哈赤
冥顽不灵，我看根本不是龙椅、龙袍的问题，是你的龙体太脆弱了。

十 · 龙言龙语

古今华夏第一帝王群(422)

清太祖-努尔哈赤
一整个大无语

东晋元帝-司马睿
做皇帝难，做好皇帝更难，堪比蜀道之难，难于上青天……上有六龙回日之高标，下有冲波逆折之回川……

明太祖-朱元璋
好一个画龙点睛之笔！🎉

明太祖-朱元璋
呱唧呱唧

划 重 点

五德终始说是战国时期阴阳家邹衍提出的主张，五德即五行

219

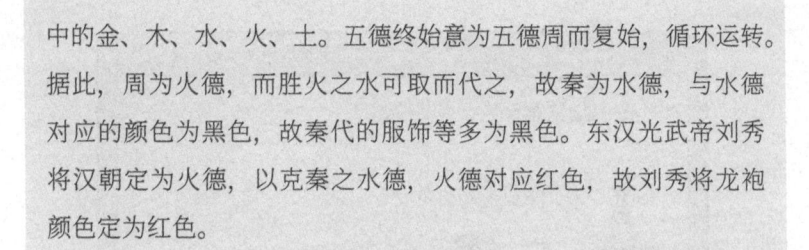

中的金、木、水、火、土。五德终始意为五德周而复始，循环运转。据此，周为火德，而胜火之水可取而代之，故秦为水德，与水德对应的颜色为黑色，故秦代的服饰等多为黑色。东汉光武帝刘秀将汉朝定为火德，以克秦之水德，火德对应红色，故刘秀将龙袍颜色定为红色。

龙行龘龘（dá dá）：形容龙腾飞的样子，昂扬热烈，出自《玉篇》，"龘，音沓。龙行龘龘也"。音沓是指水翻腾沸涌。

东晋元帝司马睿所引出自李白的《蜀道难》，意为蜀地山川险峻，上有挡住太阳神六龙车的山巅，下有激浪排空迂回曲折的大川。李白在诗中借用六龙回日这一典故，说明蜀地山川的壮秀，借此表现祖国山河的雄伟壮丽。

画龙点睛的典故出自唐代张彦远的《历代名画记》。南梁画家张僧繇曾在金陵（今江苏南京）安乐寺的墙上画了四条龙，但是没有画眼睛。围观者对此感到疑惑，张僧繇解释："画上眼睛，龙就会飞走。"围观者不以为然，要求张僧繇为一条龙画上眼睛。结果那条龙腾空飞去，剩下三条没有画眼睛的龙还在墙壁上。此典意在形容张僧繇画龙技艺高超，已经到了出神入化的程度。画龙点睛，后也用于比喻写文章或讲话时，在关键之处用几句话点明实质，使内容更加生动有力。

十 · 龙言龙语

在浩荡的历史长河中，从上古图腾到吉祥瑞符，龙逐渐演变为中华民族的精神象征与文化符号。作为真龙天子化身的皇帝，表面上享受着至高无上的尊荣，实际上却受到种种限制。从历代皇帝对龙意象的攀附，可以窥见封建王朝两千余年的兴替更迭。